策略鬼才 吳仁麟的 50^N 次方點子方程式

三意變三億

——創意×生意×公益——

作者／吳仁麟

推薦序

寫在前面

第一部 × 三意對話

第四部 ✕ 三意文創

後序彩蛋

三意變三億

寫實、寫意、寫益的人生

✕**溫肇東**（東方廣告董事長、創河塾長、政治大學教授）

　　和仁麟認識約二十年了，他一直不改書寫與思辨的習慣。

　　上本書《這些點子值三億》我就幫他寫了推薦，出版之後，他也很認真到處推廣他的書以及「三意人生」的概念，產生一些新的對話，新的故事、個案。

　　「創意、公益、生意」，這三意確實有他迷人之處，他所關心的三個產業面向：新農業、新生活和新文創，也和我這幾年關注的議題不謀而合，包括地方創生、人文創新等。

　　台灣在這些方面近來也有一些新的進展，有很多人實際投入現場在地實踐，也有初步的成果。而像仁麟鍥而不捨，幾乎把這三意當他個人的品牌到處在行銷，因此他遇到人，因緣自然往這邊靠攏。他又勤於紀錄和反思，因此不到一周就會有一篇新的文章出來，很少人能像他將工作、生活、寫作，這麼無縫的接合在一起。

　　他所捕捉一個個實際的案例，範圍有一定的廣度，

主流、非主流人物都有，並非同溫層而已；而且多能扣上時勢性，表示他記者出身的敏銳度；另外他也勤於讀書，和一些商管（生意）、社會（公益）、人文（創意）的新舊理論、經典或潮流，在他的思辨之下，增加了文章的厚度，不只是流於隨筆而已，他在每篇最後都用「點子人筆記」畫龍點睛，提供相關議題的思考。

因此讀他的書，你可以很認真去搜索其中的創意或生意機會，也可以隨興閱讀、自在地流動，甚至與他對話，或許也會產生即興的靈感。這是一本可以多重角度、立體閱讀、開卷有益的書，蘊含了很多延伸的空間。希望讀者們也會和我一樣喜歡他的寫實、寫意和寫益的人生。

三意學，學三意

✕ 蘇起（台北論壇基金會董事長）

仁麟上一本新書發表會的時候，請我講幾句話。

我說：「這世界上最難的工作有兩種：一種是把自己的想法放進別人的腦袋，一種是把別人的銀子放進自己的口袋。」這些話應該是許多做創意和策略工作的朋友共同的心聲。

想不到，那句話言猶在耳，仁麟又出了這本書，可見他還是對這兩種艱巨的工作充滿信心。

過去十年來，他每周在經濟日報的「點子農場」專欄分享他的「三意心得」，探看國內外各種兼具創意、公益和生意的企業故事。這些商業菁英都用實際行動兼顧了點子和銀子的工作，用有限的資源成就了不凡。

這其實也是台灣各行各業共同的挑戰，內政、外交、經濟、教育、文化……，我們的資源愈來愈有限，卻要面對愈來愈多的挑戰。也許不能馬上找到解決這些問題的方法，但是只要持續的思考和創新就有機會。

從這個思維看來，仁麟持續不斷的宣揚三意精神，

應該是想持續的展現一種樂觀與堅持，他和我一樣相信台灣的未來一定會更好。對三意人來說，世界沒有失敗這件事，除非您選擇放棄。

　　這也是這本書的核心思維，只要努力把創意、公益和生意顧好，台灣就能成為三意社會的典範。如同提出「軟實力」聞名於世的國際關係學者奈伊（Joseph Nye）所說的：未來一個國家的在國際社會的影響力不只是「硬實力」和「軟實力」，更重要的是「巧實力（Smart Power）」，這樣的思維正和仁麟所說的「三意力」不謀而合。

　　從某個角度看來，「三意學」也是台灣社會轉型的重要功課，相信在「學三意」的過程中，許多朋友也能找到新方向。

三意思維和三本戰略

陳田文（群益金融集團創辦人）

　　我和仁麟兄幾乎每個月都會聚聚聊天，愛讀書的他總是會分享些好書，像賈德‧戴蒙、哈拉瑞、桑德爾等大師的作品，總能說有趣動人。

　　我也會和他分享一些對資本市場的看法，好點子就像一部好車，資本是最重要的油料。古今中外許多成功的企業，都是知識與資本充分握手才做出好成績。知識是願景，資本是背景，有背景又有願景，再加上精準的規畫和執行，事業成功的機率自然高。

　　十年來，仁麟兄一直致力於推動「三意」的理想，除了在報章上每周寫專欄和出書，也到許多企業和社團演講。他主張「創意、公益、生意」三意並重，對個人和企業都很受用。

　　我相信，每個人如果能生活和工作的能兼顧這三意，日子一定能過得開心自在，企業如果能實踐這三意，也會是優質又受尊敬的企業。也許經過仁麟兄這樣一直努力之後，再過不久的將來，三意指數也能像

CSR（企業社會責任）一樣，成為企業的財務報表上的
KPI。

　　不過，對於仁麟兄的三意主張，我建議也可以倒過
來思考，先把生意做好，再用創意把事業持續發展，再
把獲利拿來做公益，這樣就能構成一個很良性的循環，
讓生意和公益都能永續。

　　生意和公益都是事業，從三十多年前開始創業，我
經營事業的基本功都是從書寫和落實三本計畫書做起。
就是做好三本計畫書，年復一年的執行，每年年終全公
司一起寫好「業務計畫」、「財務計畫」和「訓練計
畫」，就好像軍隊要打仗要先有目標，再為目標準備好
糧草軍火，訓練好戰士。

　　也樂於把這「三本思維」，分享給現在和未來的每
一家三意企業。

預見台灣三意榮景

✕林知延 （華南銀行副董事長）

　　每次和仁麟兄見面，我們都會很自然的聊起台灣的未來。

　　他的「三意（創意、公益、生意）」思維和我心目中台灣未來的「四大明星產業（旅遊、教育、醫療、銀髮）」總能有很多交集與共鳴。過去幾年來，我們甚至多次合作，共同舉辦「點子人沙龍」，邀請產官學界菁英朋友來聚會交流，希望能為台灣想出更多好點子也把這些點子落實。

　　最近，我和仁麟兄的合作更進一步，我們以「點子人沙龍」為基礎，邀請幾位認同三意思維的企業家朋友組成「三意會」。大家定期聚會，論述也行動，分享三意理念，共同打造三意台灣。

　　華南銀行 2019 年一百週年慶，如同他在這本書裡所提到的，我們也一直往三意的理想在努力，不斷創新不斷成長，致力於公益。銀行是安定社會的重要事業，要與時俱進的創新，更要小心確保客戶和員工的利益，

這也是銀行和其他行業相當不同的基因，任何事都必須向社會大眾負責。在商業世界裡，幾乎所有企業經營的第一考量都是獲利，只向投資人負責。

另外，2019 年我接任「起源會」會長，也請仁麟兄繼續擔任秘書長，過去五年來他和起源會的朋友都建立很好的情誼，我想這也是因為三意理念和起源會「超越立場，建立共識」的理念都是一樣的，所以相信大家也都會來支持三意理念，建構從台灣出發的「三意時代」。

三意人文創新時代

✕**賴文福**（台北愛樂管弦樂團團長）

　　每一次看到仁麟，都好像看到他以一個新聞記者的角度探討各種不同的點子，來幫助產業的升級。他其實是一個獨行俠，踽踽獨行，並以新聞記者的專業深入淺出的報導，但是時間久了，他累積極大的廣度跟深度。

　　仁麟非常強調以台灣為本體意識，同時非常注重人文創新。以人文創新作為品牌的基礎，建立了許多高度創意的點子，這些點子透過三意的宣傳，使得觀眾有學習的機會。學習完以後可以做各種企業的連結，成為一個新的網狀的脈絡。透過與各方意見領袖對話創造出具有深度的點子，這些點子就是企業的核心價值。

　　台灣以農立國，其實農業是人類生活最基本的方式，人離不開土地，就是離不開農業。台灣農民舉世聞名創造出許多高附加價值的水果、蔬菜、香菇、蘆筍等等。但是過去幾十年的發展台灣農業與時俱進，不只是這些，可可、咖啡在台灣也建立新的品牌。

　　台灣成功地土地改革，是國際學習的對象。但是幾

十年來一直推展工業，農業慢慢地受到影響。所以這本書不但談農業，談農創，還談如何創造新的農業價值。第一個是生產技術的價值，第二是行銷的價值，第三是經營的模式。這三個要素都需要有高水準的人才來加入才能落實。

落實於生活才是我們創造的價值，跟我們的生活水準有關，如果生活品質不好，再好的生活價值就創造不出來。所以高水準的生活其實就是高水準的消費，不會只在價錢上斤斤計較。

台灣同時也是醫療王國，在醫美領域其實是有非常大的商機，台灣的整型、抗衰老跟保健整合成為一個非常具有潛力的健康美麗產業。以及網路共享經濟、網紅、直播電商等已經是當下最熱門的代名詞，也帶有大量的商機。

這些深入淺出又精采的創意就是三意的核心價值，需要相當長時間的追求才有成果。仁麟確實做到了諸葛亮《誡子書》中所言：「夫君子之行，靜以修身，儉以養德⋯⋯，非學無以廣才，非志無以成學」。

以學習力成就三意事業

✕**林揚程**（太毅國際顧問集團執行長、書粉聯盟讀書社群創辦人）

　　未來的企業需要擁有「人文創新競爭力」，仁麟兄在書中帶領讀者，一起觀察多位實踐者如何從創辦到發展的故事。書中還有提供仁麟兄的點子人筆記幫助讀者「學習」和「連結」，來發展成就自己的三意（創意、公益與生意）企業。

　　個人由 1998 年成立太毅國際顧問公司，至今為全台灣最大企業教育訓練方案提供者，希望我們所成就的不僅僅只是一家盈利優異的企業，也希望能創造更多對社會有價值的貢獻。相信公司願景不是營業額數字的跳動，而是如何讓更多人利用學習擁抱改變。因為我們太毅國際顧問使命就是：「創造人對改變的熱情與技術（Passion to Change）。」

　　如同仁麟兄提到的個人或企業，除了要強調競爭力，更要時時提升「成長競爭力」，知識的移轉由專家主導到現在的社群學習，通過 O2O（Online To Offline）的形式，我們可以線上連結彼此、線下交流

分享也可以上下混成達到跨域的學習效益。

　　因此個人在 2018 年，另外成立「書粉聯盟」，兩年內組織 80 個讀書會，甚至走出台灣，在日本、澳州、大陸都有我們的讀書會，並在每年舉辦超過 500 場讀書會活動。期許「書粉聯盟」隨著知識創造的學習趨勢，結合志同道合的夥伴，提供書粉熱愛生命與成長的「三意」養分。

　　世界持續在轉動，我們所知道的 Facebook、YouTube 以及 Uber 等新時代的超級企業成立不到 15 年，它們在激勵著我們只要洞察市場、擁有使命再加上創意與執行力，我們也可以成就屬於未來的三意企業。

神祕的力量

✕江見佳之（日本東亞無線電機公司 CEO）

　　與吳老師認識，是經過朋友的介紹。那時，朋友說他是活躍於媒體界的專欄作家。

　　對吳老師最初的印象，與其說他是個媒體人還不如說是老師來的更貼切些（後來才知道他真的是一位經驗豐富的老師）。他說話不疾不徐，字字切入核心，讓我常常需要深思之後，才有辦法回答他的問題。

　　與吳老師對話，不時會強烈感受到由他傳來的溫度和神祕能量。兩人相識時間雖短，卻有種不可知的「緣」似乎一直在牽引著彼此。

　　在日本，許多人都相信「有緣千里一線牽」。這繫著彼此各一端善緣的，竟是我五年以來持續飲用的桑茶。那一次飯局，我們和共同友人林小姐小聚，吳老師一眼看到我手上拿的桑葉茶，之後林小姐也幫我轉送給他。吳老師認為，桑茶能帶來的身心安定，更能連接許多資源。

　　我們從吳老師的創意一直對話下去，開始了不可思

議的一連串巧合。在沒有刻意連絡與安排的情況下，三人竟然有相同時間能一起拜訪日本桑茶產地。天時、地利、人和，許多神奇的一連串巧合，讓我相信未來有更重大的商機指引著我們。

　　如此不可思議的一連串帶領，我深深的折服，這股無法解釋神祕力量，難不成是吳老師所帶給我的「緣」的力量？要我們一起讓這股能量，帶出更大的影響力來造就更好的世界。

神秘的な力

　　呉先生とは私の知り合いの税理士の先生からの紹介で知り合った、林さんの友人ということで知り合いました。

　　林さんからは台湾で活躍されている、とても顔の広いジャーナリストの先生がおられるので一度紹介したいと聞き、最初に会ったのが半年前でした。

　　呉先生の最初の印象はとても温厚な方でジャーナリストというより学校の先生という印象でした。（後ほど、そのとおり学校の講師もされていると聞き納得！）

　　静かに話されるのですが、その内容はとても核心をつかれ質問には答えに困ることも度々。

　　また話を重ねる中で呉先生の内に秘めた熱いパワーを肌に感じる場面もよくありました。

　　まだ出会ってから、まだ短い期間ですが、その間に多くの縁を感じる機会があり正直とても不思議に思っています。縁はよい縁悪い縁いろいろあるが、日本で「縁あれば千里」ということわざがあります。縁があればたとえ遠くに離れていても結ばれる。呉先生と私はそのよい縁で結ばれたのではないでしょうか。

　　現在進行している桑の葉茶にまつわる縁はまさにその

一端かと感じます。

　私が５年以上前から飲み続けている桑の葉茶を林さんと話しながら飲んでいると林さんが大変興味を示されたので、そのお茶の素を少しお渡ししました。

　そのあと呉先生にこのお茶が紹介されたようで、呉先生のポリシーにぴったりのお茶ということで大変興味を持たれたのですが、それからが不思議な連鎖の連続です。

　とんとん拍子で日本の桑の葉茶のメーカーに見学に行きたいという話になったのですが、その指定日が、たまたま私も日が空いており、しかも行き先が同じ方面でしたので案内しました、そのあともタイミングがぴったりとあうことが重なり大きなビジネス発展する可能性も出ています。

　これほど不思議なほどスムーズにリレーションが重なることってあるんだな、とその不思議なパワーに圧倒されています。

　これはおそらく呉先生がお持ちの縁のパワーが呉先生の思いを具現化するのに大きく作用しているのだと思います。

江見佳之（日本東亜無線電機株式會社 CEO）

找到您的新思路

╳**邱英明**（中國信託銀行副總經理）

一直都是仁麟兄「點子農場」專欄的忠實讀者。

每次在經濟日報讀到這個專欄，都像在巧克力專賣店中放肆品嚐後，手中所拿的那一杯清茶，期待它的解膩、享受它的出眾。有時也會好奇，是什麼樣的人生歷練，才能寫出這麼多接地氣的創意思維，把很多看似高調的意念如創新、公益等項目，無違和地連結到我們日常的生意行為中，並搭配相關的範例來進一步引導讀者做思考。

就這麼巧，在一個餐酒會上有幸認識仁麟兄。他很醒目，穿著紳士作派的三件式西服，用一種讓人很舒服的方式和大家侃侃而談他對生活的態度以及品味的看法。言談中能感受到他是用心去過生活，用心去體驗每一項經歷的事。也許是這些的積累，讓仁麟兄有能量產出這麼多饒富創意的見解。透過他細膩的觀察和解析，也讓我們有機會看到，原來在我們的身邊，一直有一些人不將自己的工作侷限在世俗定義的框架中，透過尋找

跨業合作及資源重整的可能來創造更多的需求和產值。

在現今這個面對 AI、XXTech 等眾多不可逆的大浪潮下，相信沒有人會不同意創新和與時俱進的重要。然而，要怎麼做，如何做，要從哪裡開始做等等都會是讓大家難以邁步向前的困擾議題。 也許，我們能夠從學習一個不同的思考方式開始，透過閱讀別人的創新意念，來反思自己生意的發展可能，進而有能力重新定義工作的價值。

希望您也能在本書中找到屬於您的新思路。

三意時代　人文創新競爭

✕吳仁麟

「農業影響空氣和水土，農業好我們的生活才會好。
生活好，才能發展出高附加價值的生活產業來提高生活品質。
有了高生活品質，才能孕育出更高附加價值的文化和創意產業。
簡單的說，農業、生活和文創的發展，就是台灣最重要的產業價
值創新工作。」

—— 2009 年，寫於芬蘭赫爾辛基旅途中

　　那年從芬蘭回來之後，對於在旅行中聽到的那句順
口溜一直念念不忘：「新鮮的空氣乾淨的水，安心的食
物吃下嘴，小孩學費都不貴」。

　　這是一位台灣外交官眼中的芬蘭，也是我期待的台
灣願景，相信「價值創新」是台灣社會未來最重要的轉
型工作之一。

　　多年來，「價值創新」一直是台灣產業轉型的關鍵
議題，持續降低成本和提升附加價值永遠是商業戰場的

主旋律。更重要的是，如何讓產業和社會同步良性發展，讓經濟發展也能兼顧人文，把環境保育、社會正義、階級流動性等問題都能不斷改善。

　　三意理念就是在這樣的社會和時空背景下因應而生，這是過去台灣所努力的方向，也會是未來的挑戰。

　　過去這幾年，「三意台灣」一直是我閱讀、書寫和演講的主題，希望把這樣的理念分享給更多朋友、公司，甚至政府單位。

　　始終相信，如果台灣持續在三意工作有所進步，就能成為一個不斷價值創新的社會。也相信，在「社會企業」和「企業社會責任（CSR）」、「B型企業」這些來自國外的指標之外，台灣能從「三意思維」找到新的發展方向，甚至發展出屬於自己的「三意指標（Trinefit Index）」來分享全世界。

　　而三意理念的背後，是「知識商學」、「政治哲學」與「人文美學」這三條學理源流，過去多年來，這些思想在學術和實務世界都有相當的積累和實證。

　　知識商學的主軸是創意與生意，政治哲學的核心是公益，而人文美學則聯結了創意、公益與生意。

三意理念 1／知識商學

1911 年，熊彼德（Joseph Schumpeter）提出「破壞性創造（creative destruction）」理論為商學世界的創新理論奠基。1937 年，高斯（Ronald Coase）提出「交易成本（Transaction Cost）」理論說明了企業的靈魂是交易。1995 年，野中郁次郎（Ikujiro Nonaka）提出「智價企業（The Knowledge-creating Company）」理論來論述商業智慧的創造，這些學者的研究把「知識」和「創新」與企業的本質做了清楚的交代，也為企業的創新工作建構了基礎模組和 SOP。

熊彼德的信仰一直是「破壞」，他的「破壞性創造」認為，商業競爭的本質在於不斷打破均衡，就是不斷的創新。一個創意一旦成為成功的生意，唯一的宿命就是面對競爭，而這些競爭背後則是更多的創意。就有如大海裡的後浪不斷取代前浪。

透過創意，也許降低生產成本，也許強化效能，甚至開發出新產品，唯一的目的就是奪取和替代，把原本屬於競爭對手的市場拿過來。這樣的你輸我贏就是商業競爭的本質，也是今天全球市場的主旋律。

根據熊彼德的理論：擁有創新能量，才能擁有競爭

優勢。那要如何才能擁有創新能量？

　　高斯的「交易成本」理論，認為所有的交易都是有成本的，所以降低各種成本就是交易的王道。這樣的認知於是催生了「公司」，一群人一起工作的成本和能量遠勝於個人。公司裡有愈多的腦袋和人力，就愈有利於創新和競爭。

　　但是，當商業競爭愈來愈激烈，每家公司擁有的資金和人力都會成長到上限，公司和公司之間的創新能量落差也會愈來愈小（因為那些無法競爭的公司只能退出市場），在這樣的局面下，該如何讓公司能永續且擁有更強的創新優勢？

　　野中郁次郎的「智價企業」理論認為，創新的基本功是知識，一家公司的創新能力取決於管理知識的能力。公司裡的知識可分為「外顯知識（可以用文字語言傳達的知識，如 SOP）」和「內隱知識（無法用文字語言傳達的知識，如公司文化）」，而這兩種知識要流動則必須依賴「個人」和「組織」這兩種載具。

　　以上這三位學者的理論為商業世界的「創新」建構了長河，一直源流到今天，也被許多企業視為創新工作的基石。

三意理念 2 ／政治哲學

　　康德（Immanuel Kant）在 1785 年提出「善的意志（good will）」理論，為道德的本質做出定錨的註解。羅爾斯（John Rawls）在 1971 年提出「無知之幕（veil of ignorance）」理論，更進一步說明了民主社會該擁有的道德基礎。桑德爾（Michael Sandel）在 1982 年提出「自由主義與正義的侷限（Liberalism and the Limits of Justice）」理論，總結了道德的價值在支撐資本主義社會不至於崩潰的重要性。這些哲學理論為商業社會如何能永續發展提出了基本的道德框架，也是今天絕大多數先進國家所論述正義的依據。

　　孟子死後的一千五百年，康德提出了和孟子學說幾乎一模一樣的「人性本善論」。這位理性主義學者認為人生出來就是善良的，並且具有先天的理性。這樣的認知為普世的道德標準做了基礎的界定：因為相信人性本善，所以人有能力決定什麼是惡，民主的思維於是從這個基礎開始發展。

　　但是，如果每個人對於善與惡的認知有不同的標準時，那該怎麼辦？如果人和人之間無法找到共識，社會自然無法共處。羅爾斯提出「無知之幕」理論，認為一

切是非善惡的標準必須建構在共同的標準之上，人人生而平等，不能因為一個人的貧富貴賤就得到不同的待遇。這樣的思維成為歐美民主社會發展的聚焦點，也為現代政治哲學找到定錨點，政治最重要的工作，無非是建構一個人和人能一起永續生活的社會。

民主社會奉行「少數服從多數」，這種市場機制表面看來公平，背後卻有許多風險，比如強勢族群掌握了主宰政治市場的優勢，因為這些人有錢有權，能用自己的資源來控制政府、學界和媒體，社會還是弱肉強食，這樣的「無知之幕」形同虛設。要能建構一個穩定永續發展的社會，桑德爾提出以弱勢族群為社會利益主體來界定社會正義標準，他的論述在「佔領華爾街」和「太陽花」這些指標性社會運動裡都看得到影子。

三意理念3／人文美學

伊比鳩魯（Epicurus）在西元前 307 年提出「伊比鳩魯悖論（Epicurean Paradox）」，為個人主義寫下重要的基礎。米歇爾・德・蒙田（Michel de Montaigne）在 1580 年出版《隨筆集（Essais）》，沿續了伊壁鳩魯的思想也為獨立思考與懷疑主義注入能量。尼采

（Friedrich Wilhelm Nietzsche）在 1885 年出版《查拉圖斯特如是說（Also sprach Zarathustra）》，更從兩位前人的思想展開虛無主義的跑道。三位哲學家對於物質和靈性生活的思辯，一直對於今天資本主義所主導的全球人文美學影響深刻。

商業和政治是人類社會的主要結構，在這兩個結構之間，個人該如何定位和存在？伊比鳩魯的「伊比鳩魯悖論」，他說：「如果是神想阻止『惡』而阻止不了，那麼神就是無能的；如果是神能阻止『惡』而不願阻止，那麼神就是惡的；如果是神既不想阻止也阻止不了『惡』，那麼神就是既無能又壞；如果是神既想阻止又能阻止『惡』，那為什麼我們的世界充滿了『惡』呢？」，這些思考為人類的無神論思想和個人主義打造了定音鼓。

如果個人主義是種生活方式的選項，那該如何去活呢？蒙田一直在成年之後，過著衣食無缺的日遊夜飲生活，他是 14 世紀法國最有影響力的部落客，每天在生活的食衣住行裡思考人生，而這些思考也深刻的影響了當時的社會。於是這些充滿個人主義的書寫，後來更集結成《隨筆集》，那時的世界仍然充滿「天地君親師」思想。

而尼采的思想，則從以上兩位學者的理論裡，為人的存在找到更普世性的理解方式，他認為這個世界上所有的人都應該努力去活出「超人」的人生，也就是不斷超越人與生俱來所有的制約，不斷的進步成為更好的自我。人應該將心境轉向積極、正面的虛無主義，使自己得以面對心中的價值意義，並且依此意義創建人生。「超人」他理想中人類，也是對人類未來的最高期許。

永續「人文創新競爭」的「三意時代」

　　就如同中國的春秋戰國時期，百家爭鳴而造就影響亞洲社會最深刻的論述，以上這些學說形塑了今天人類的商業與文明，這些思想裡也處處可以看到「三意DNA」。

　　不管是討論產業發展或是社會永續，所有的對話其實都一直聚焦在「創意、公益、生意」。這些思索與行動，在表面上看來，是為了處理「價值創新」和「社會永續」的議題，但是潛藏在肌理裡的，是社會創新的根本議題：「人文創新」。

　　「人文創新」的目的是社會整體價值的轉骨，社會價值觀深刻的影響了所有成員的生命觀、道德觀、美學

三意變三億

觀，並且投影在所有的價值活動裡。如同今天的歐美從百年的社會經濟形態過渡到今天，許多觀念早就有了翻天覆地的改變。而這些改變也全面的影響了政治、經濟、教育，於是造就了今天地球上的主流人文形貌，如此形成一個兩極迴路。

可以預見，未來的世界，將是永續「人文創新競爭」的「三意時代」。

三意企業的特質及優勢

過去十年來，我一直探訪心目中的三意企業與組織，和這些企業的領導人對話，除了分享三意經驗，也試著從這些朋友眼中看到台灣三意時代的願景。我發現，這些三意企業都有以下三個特質：

◎**高價值主張**：樹立高遠的目標，讓社會和員工都能清楚的認知，明白這個企業的使命和理想，說明自己會如何兼顧公益與生意。

◎**家人般關係**：企業內的人際關係如同家人，領導人像家長，員工像兄弟姐妹，公司內的管理基礎是人之間的信任和情感，而不是紀律和法條。

◎**學習型組織**：從領導人到各級幹部都熱愛思考與

學習，勇於不斷面對挑戰，並且把挑戰視為成長機會。

　　這樣的三意企業特質，也往往在三項工作有相當大的優勢：

　　◎**品牌工作：**消費者能很清楚的識別，明白品牌的價值訴求，自然很容易凝聚成社群來支持。

　　◎**人資工作：**因為理念和企業性格清楚，有助於找到對的人加入公司，省下許多招募人力資源成本。

　　◎**管理工作：**員工都是明白也認同公司的三意理念再來加入，進公司之後很自然的就會發展成用理念來管理，降低許多管理成本。

分享三意經驗，創造更多三意企業

　　過去十年來，在書寫經濟「點子農場」專欄的同時，也經常會受邀到各企業或社團去演講，每次演講的最後，總會有企業家朋友問我：「如何才能成為三意企業？」。

　　我的回答也總是建議，可以從「觀察」、「學習」和「連結」這三件事來發展：

　　◎**觀察：**了解這些三意企業從創辦到發展的故事。

　　◎**學習：**吸收三意企業的成功和失敗的經驗。

◎**連結**：與三意企業建立連結，持續成長進步。

　　以上這三件事也是我寫這本書的動機，除了分享三意經驗，也期待能創造更多的三意企業。

　　同時，配合這本書的出版，我也邀請三意企業家朋友們組成「三意會」，定期聚會交流，期待能為台灣創造更多三意故事，並帶給台灣更多的創意、公益、生意能量。

　　因此，我將本書分為四部：第一部「三意對話」、第二部「三意農業」、第三部「三意生活」、第四部「三意文創」，期望能對世人有所啟發，也為社會注入新的力量。

第一部
×
三意對話

與 11 位企業家對談，

看他們如何堅守崗位之外，

更激發出更多三意精神，

帶領企業走向下一個世界！

張雲鵬×華南銀行

"金融業早就是一個無國界的市場。放眼未來，過去所發生過的
劇情只會愈演愈烈。"　　　　　　　　　　　── 張雲鵬

認識張雲鵬，是 2016 年 12 月在華南銀行的一場演
講。他當時擔任華南銀行總經理，坐在第一排，我和聽
眾席上 100 多位主管分享國內外媒體發展趨勢，也對華
南銀行的百年品牌行銷策略做了一些建議。

會後我們聊天，才知道他從民國 64 年就開始在華
南銀行工作，40 多年來歷練過許多單位，在紐約和新
加坡都工作過。從基層一步一腳印的步上高層，豐富完
整的經歷在金融界相當罕見。

再一次和張雲鵬對談，他已經是華南銀行的董事
長，今年（2019）也正好是華南銀行的 100 周年慶，而
他的資歷已經超過三分之一世紀。在這樣的時間點接任
董事長，帶領一家百年銀行再走向下個百年，他有那些
回顧與展望？

銀行使命不只競爭與獲利，更要顧及社會責任

張雲鵬說，1919 年第一次世界大戰之後，日本政府在東南亞發展，為了服務在南洋發展的台商，考量在台灣設立新銀行推動相關業務。當時台灣的金融體系都是由日本人主導，唯獨這家新銀行服務對象是東南亞台商，所以日本政府認為這家銀行應該台日合資，並且由台灣人主導。

這時，華南銀行創辦人林熊徵主動遠赴日本，親自向當時首相寺田正毅說明銀行的創業計畫，在獲得當局的支持後就成立了華南銀行。此後，華南銀行一路和台灣社會共同經歷了百年故事。

張雲鵬認為，銀行是關係社會安定的重要事業，在考量競爭與獲利的同時，更要顧及種種社會責任。除了要與時俱進的創新，更要小心確保客戶和員工的利益，也就是要把「公益」這兩個字擺在一切業務的最前面。他認為，這也是銀行和其他行業相當不同的基因，任何事都必須向社會大眾負責。在商業世界裡，幾乎所有企業經營的第一考量都是獲利，只向投資人負責。

過去 30 多年來，經歷過兩次金融體系改革之後，台灣金融產業競爭一路走向史無前例的高峰。每家銀行

三意變三億

除了必須彼此競爭，也要迎戰來自世界各地的挑戰者，全球金融產業的賽局，早就是一個無國界的市場。

放眼未來，過去所發生過的劇情只會愈演愈烈。

未來挑戰在科技化、人性化和國際化

張雲鵬認為，不管市場如何發展，未來的挑戰還是會在「科技化」、「人性化」和「國際化」三大方向上，這也是一直以來華南銀行和全球銀行所面對的共同挑戰。回顧過去 100 年來，銀行的角色早就從「財富的保管者」走向「財富管理夥伴」，勢必要成為附加價值愈來愈高的服務業。

「科技化」方面，華南銀行很早就開始發展金融科技（FinTech），以結合金融商品與科技開發的運用，透過顛覆傳統金融業的創新思維。再來是推動「人性化」工作，回歸到以金融消費者的角度去思考，推出更多具創意的金融商品與服務。而「國際化」的思維則是創新工作的標尺，了解國際最高水準的產品與服務，做為調整修正的參考，才能同時擁有全球競爭能力，又可緊抓住本土市場的向心力。

「除了提供友善安心的金融服務，我們也該努力扮

演台灣社會創新的推手。」張雲鵬說，放眼下個一百年，華南銀行將持續在「創意」、「公益」和「生意」的三意旅程一直走下去。

點子人筆記

「厚基能量」

老文旦樹歷經百年的生長，根部才能深刻的紮入地底，所結的果實風味也才能更豐富，百年企業也是同樣的道理。

三意變三億

039

黃達夫×和信醫院

"健康祕訣就是要每天把三件事做好：飲食、運動、作息，人人都做得到。"　　　　　　　　　　　　　　　── 黃達夫

　　和一群朋友邀請和信醫院院長黃達夫來演講，80歲的他站著整整講了兩個小時，一點都沒有疲態。他是台灣難得一見的名醫，同時在「論述」、「醫療」、「管理」這三件事都享有盛名。

　　但是演講一開場，他卻說，他的理念恐怕在台灣醫界會有90%的人不認同。

　　儘管和信醫院是非營利機構，但是黃達夫用企業家的精明來計算服務品質和投資報酬率，也用比別的醫院多兩倍的護士人力來照顧病人，減輕家屬負擔。把院內感染率控制到世界一流水準，讓醫護人員更安全。

　　這些想法和做法顯然都和大部分的醫院不同。

　　除了他的醫學專業，最令人好奇他如何保養？這位名醫本身像一個樣版，飲食、運動和作息都讓人想學。

健康祕訣就是把飲食、運動、作息做好

黃達夫說，就是要每天把三件事做好，「飲食」、「運動」、「作息」，人人都做得到。

不菸少酒，飲食低卡少糖，早上 4 點半就起床準備就緒，5 點 45 分進辦公室工作，星期六、日各走一萬步以上，他樂於向任何人分享這樣的健康生活處方。再加上拉小提琴、閱讀，以及「做對的事」的信念，讓身心靈都平和協調。

全世界癌症罹患率和死亡率年年升高，和信醫院卻能持續提升病人的存活率到全球一流的水準，成為國際抗癌重鎮。

他自豪地說，和信醫院是很多醫學中心與教學中心的後送醫院，比醫學中心更像醫學中心，比教學醫院更像教學醫院。

「我 80 歲了，退休前的心願是全面推動防癌。台灣只要全面禁菸、做好空汙防治，癌症病人數一定可以減少三到五成。」黃達夫說。

國際癌症研究機構（IARC）研究證明，香菸燃燒時所產生的煙霧，含有超過 7,000 種的化學物質，其中有 69 種致癌物質。吸菸可引起肺癌、口腔癌、咽喉

癌、子宮頸癌、食道癌、胰腺癌、膀胱癌、肝癌、腎癌、子宮頸癌及血癌等。

科學研究證實：去除「菸害」，可降低至少 30％ 的癌症發生率。美國前國家癌症協會中心主任 Dr.Vinent DeVita 更表示：「如果美國全國戒菸，癌症機率將會減少 50％。」

推動「健康醫學」，助人找回健康

由於絕大部分的癌症風險其實都控制在患者手上，和信醫院過去幾年來一直致力於推廣預防醫學，積極推廣篩檢和講座。

黃達夫說，從 2019 年開始，和信醫院將開始全力發展「健康醫學（Lifestyle Medicine）」。

「健康醫學」是近幾年的大趨勢，美國在過去十多年來一直努力推動，強調正確的調整生活型態，可以達到慢性疾病預防、疾病症狀緩解的成果。

如果能結合「營養」、「運動」和「生活作息」的各種調養工作，不需要手術或服用藥物，就能讓病人重新找回健康。

黃達夫說，經過幾年的準備，目前各項資源正陸續

到位,從 3 月底的講座活動開始點火,往後和信醫療團隊將持續把「建康醫學」當成經營重點。

除了推出把關身、心、靈健康的「健康醫學門診(Lifestyle Medicine)」,以健康的生活方式,來預防和治療,提供健康飲食、運動、心理調整、戒除菸酒、改善睡眠和情緒舒壓。也更關注於協助病人如何落實健康的生活模式,重新回到健康的狀態。

兩千多年前,《黃帝內經》就已經提出「上醫治未病,中醫治欲病,下醫治已病」的論述,說明醫術最高明的醫生要能夠預防疾病。

這樣的思維顯然在兩千年後的全球醫學領域再次成了關注的焦點,也自然而然催生出「健康醫學」的全球風潮。

點子人筆記

「新健康思維」

把維持健康的工作融入生活之中,以飲食和作息為基礎,再定期安排專業咨詢「進廠保養」,這樣的思維我們常用來對待愛車,卻很少用來照顧自己。

陳駿季╳台灣農業科技

"台灣農業科技水準一直是世界第一流,台灣的特別風土更賦與了農業科技不同的能耐,其多樣性和應變力是沒有任何國家比得過的。"
——陳駿季

　　2019 年 3 月,第一次見到陳駿季,那時他剛上任行政院農業委員會(以下簡稱「農委會」)副主任委員。駐泰代表童振源和台達電董事長鄭崇華,帶著泰國僑界領袖們到台中霧峰的農業試驗所(以下簡稱「農試所」)參訪。這裡聚合了台灣最頂尖的農業科技和人才,陳駿季過去在這裡擔任了近十年的所長,為我們介紹了這裡的許多農業亮點。

　　透過陳駿季介紹,我們看到台灣農業科技的百年成果,像是花了 40 年的時間為台灣的每一塊農地建檔,這在許多國家都是不可能的任務。從土地出發,根據台灣的天候和物種來研究農作,發展出許多令人驚艷的產品。

蓮霧、芭樂、芒果、荔枝，這些台灣水果都在農試所展現出新價值。農試所農地上的農夫，許多人都是擁有農業碩博士學位的菁英，用高知識濃度所研發出來的農作自然有不同的能量。

「這是我們研發的『拉鍊荔枝』，中間有條像拉鍊的騎縫線，把果皮往兩邊一拉開就能吃，完全不會沾到手。」陳駿季拿著樣品介紹這種有趣的荔枝。

台灣農業科技遍布全世界

1895 年，剛接收台灣的日本人在台中霧峰成立了農試所。124 年來，這裡除了是台灣農業科技的重鎮，保存台灣最菁華的農業科技與人才，也在全球農業占有舉足輕重的地位。從這裡出發，台灣農業的影響力散播到世界各地，從中東到澳洲都有台灣農業科技的足跡。

「地球的農作面積愈來愈少，人口卻愈來愈多，世界各國都全力發展植物工廠以解決耕地不足的問題。但是農試所過去的研究都是從土壤出發，這樣的農業科技還會有領先世界其他各國的優勢嗎？」我請教陳駿季。

他說，全球的糧食危機真的已經迫在眼前，地球上的農地已經無法餵飽 75 億人（聯合國研究顯示，2100

年的地球人口將高達 112 億），發展農業科技是唯一的
解決糧食困境的方向。農試所表面上看來研究重心是土
地，但是骨子裡是在研究農作物所需的營養，這也是發
展植物工廠做為解決方案的核心知識。

彈性和靈活度是台灣農業科技最大的優勢

「一百多年來，台灣農業科技水準一直是世界第一
流。」陳駿季說，在不同的時代，台灣農業科技都持續
吸納全世界最先進的知識，台灣的特別風土更賦與了農
業科技不同的能耐。

陳駿季說，經過百年的積累，和世界其他先進國家
比起來，不管在基礎或是應用的研究，台灣的農業科技
一直和先進國家平起平坐。但是台灣農業的多樣性和應
變力卻是沒有任何國家比得過的。

「地球上有 12 種土壤，台灣擁有 11 種，除了永
凍土，我們什麼土壤都有。」陳駿季說，因為這樣的條
件，台灣得以擁有因應各種天條地形和病蟲害的反應能
力，這也是其他先進國家所無法具備的。「彈性」和
「靈活度」是台灣農業科技最大的優勢。

陳駿季說，農委會一直在發展台灣農業的戰略優

勢。比如,和東南亞國家比起來,台灣的耕地面積小,農民人口少,農民平均年齡更高達 63 歲。但若與東南亞國家合作,卻可以把台灣的農業劣勢變優勢,達到雙贏,例如可以運用老農民豐富的農業經驗發展海外研發和生產基地,也能為台灣的外交工作注入更多能量。

展望未來,陳駿季信心滿滿地認為台灣農業科技大有可為。

往前看,充滿無限可能的市場將會引導台灣走出新方向。只要更多的人才和資源來投入農業科技,就能以過去一百多年累積的雄厚基礎創造出更耀眼的風華。

點子人筆記

「以虛馭實」

台灣農民人口和土地面積都比不上東南亞各國,如果能重新定位農業發展政策,以「知識農業」為箭頭,結合雙方優勢,協助雙方共同成長,應是共創雙贏之道。

許志賢 × 麒悅蘭園

"台灣人的聰明和勤奮一點也不輸人，只要走對方向，一定能扭轉現有情勢，重新找回台灣蝴蝶蘭曾經的榮景。" ── 許志賢

　　位於屏東縣的潮州鎮，距離目前高鐵最南站的高雄左營站大約還有 40 分鐘車程，1726 年清雍正時期，來自廣東潮州的先民、客家人和原住民陸續到來，今天這裡也是台灣南方最繁榮的交通中心之一。

　　「將來如果高鐵能開到潮州，那些國外的客人要過來就方便多了。」麒悅蘭園負責人許志賢指著潮州火車站那波浪造形的屋頂，說起他的「蘭花之都」大夢。原來現階段，這些來自世界各地的客戶都是從這裡下車，遠道來買他種的蘭花。

　　創業 17 年，許志賢在距離潮州十分鐘車程左右的萬巒鄉經營他的蘭花事業 ── 麒悅蘭園，六個蘭花廠裡有 150 位員工，每年出口 400 多萬盆蘭花種苗到海外，客戶遍及日本、美國、歐洲和中東。

這樣的生意也像是一幅動人的南方風景，蘭花是台灣的指標性農產品，聘用在地的人力、創造工作機會，同時滋潤了這裡的風土與文化，建構出動人的產業創生循環，把生活、生產和生態不斷融合在一起。

　　「蝴蝶蘭是老天爺送給台灣的禮物，台灣也是全世界蝴蝶蘭的起源。」許志賢說，因為地理和氣候特別適合蝴蝶蘭生長，所衍生的後代也遍布全球。白色系蝴蝶蘭幾乎都源自於屏東的大武山，紅色系則源自於台東蘭嶼。1879 年左右，台灣蝴蝶蘭開始在蘭嶼被採集，並進入了全球蝴蝶蘭的商業市場，台灣培育的蝴蝶蘭更曾經多次在國際花卉展中得獎。

從傳統農業走向科技管理的轉型之路

　　2015 年，全球蝴蝶蘭市場需求量來到飽和點，幾乎無法再成長，而荷蘭與台灣瓜分了八成的市場，台灣大約占了其中的兩成。在這樣的關鍵年代，荷蘭和台灣各自採取了不同的發展策略，也造就了不同的劇情。

　　目前全球市場每年約銷售 3 億株，其中五成產自荷蘭、三成來自台灣，全世界 86 個國家都買得到台灣的蝴蝶蘭。但是根據行政院農業委員會農糧署的農業統計

資料顯示，台灣的蝴蝶蘭出口金額，已在連續多年成長後，從 2015 年開始連年下滑。荷蘭蝴蝶蘭在歐美市占率持續成長，而台灣蝴蝶蘭市占率每年正逐步以 1％至 3％的跌幅流失。

台灣蝴蝶蘭出口超過九成，曾經是全球蝴蝶蘭市場主力，竟然發展到今天這樣的局面，最主要的原因，是荷蘭採用科技產業式的管理，嚴格控制良率和成本。

而台灣則視此產業為傳統農業，無論產銷都缺乏策略性的思考與行動。再加上大部分台灣蘭花廠都是傳統模式經營，一個人頂多能照顧 500 坪大空間，不像荷蘭使用自動化軟硬體來管理，一個人就能照顧上萬坪。

期許南台灣成為世界一流蘭花之都

看到這個情況，在創業之初，許志賢就用全新的思維來管理蘭花廠，他認為台灣的科技產業既然有世界一流的水準，也應該可以應用到蝴蝶蘭產業。許多國外的農業都使用台灣的科技來創新，這樣的優勢當然一定要運用。於是找來軟硬體廠商合作，除了開發出全世界汙染率最低的生產體系，也設計出全世界最先進的蘭花溫室，大大的超越荷蘭蝴蝶蘭的質與量。

目前麒悅蘭園以小型蝴蝶蘭為主要出口商品，其花朵數多及花朵耐久為其產品特色。1.7吋及2.5吋主要出口歐洲市場，每年銷售約250萬株。美國市場喜好大型色花，每年亦供應約40萬株出口。而大型白花更是日本市場的主流需求，年出口約50萬株。

另外，新場區的玻璃溫室與專業組培實驗室於2013年落成，為國內最大，設備最齊全，預期未來瓶苗的年產量可達1千7萬株。其中自動化控制的玻璃溫室，更可望將年產量大幅提升。

他認為，台灣人的聰明和勤奮一點也不輸人，只要走對方向，一定能扭轉現有情勢，重新找回台灣蝴蝶蘭曾經的榮景。許志賢更相信，不管在那個產業，只要能善用台灣科技的創意能量，善用在地的人力和風土資源，一定能創造出兼顧公益和生意的美好事業。如同他一直期許著，台灣南方會有愈來愈多世界一流的蘭花廠，吸引更多來自全世界的客戶到訪。

點子人筆記

「海權經驗」

大航海時代，荷蘭等國透過海洋積極向外擴張，最重要的能力並不只是武力。配合強大的「資訊力」和「知識力」，了解對手並且善用資源，這也是今天荷蘭農業的成功之道。

廣瀨芳和×台日菁英平台

> "商業的根本是人，科技再進步，都無法取代人和人、面對面產生的信任和情誼。"
> —— 廣瀨芳和

　　從日本大阪啟程，廣瀨芳和每個月至少都會在亞洲飛一圈。台北、上海、大連、越南的胡志明市是常去的城市，每個城市通常也只待個兩、三天。

　　算了算，去年至少有 120 天在海外，這樣天空旅人的日子已過了十年。會計師事務所合夥人一開始不太能諒解，會計師應該是日本社會最不需要出差的行業之一，他每周在辦公室上班的時間卻沒有幾天。

　　他形容自己提供的是「進出海外，支援業務」的「策略性會計」，針對在海外發展的日本企業提供一條龍服務。以會計工作為核心，把稅務、商業情報、人脈引介的工作全包了。這也是為什麼長年來他總是飛來飛去的原因，他說，商業的根本是人，科技再進步，都無法取代人和人、面對面產生的信任和情誼。

以友情為基礎在全球商業戰場闖盪

我們在飯局裡認識，他說，不管飛到哪個城市，總喜歡用好酒好菜來交朋友。十年的時間裡，他協助許多日本企業到海外落地，也讓許多企業進軍日本。

在不同的國家工作，溝通顯然不會是這位精明的大阪商人的難題，透過翻譯，他到處交朋友，不管走到哪裡，美食、美酒永遠是全球共通的語言。

「這是一個愈來愈沒有國界的世界。」他說，流動才能帶來理解和繁榮，每個國家都有不同的商業環境和制度。早在 1860 年，日本菁英勝海舟和福澤諭吉就以 37 天的時間橫渡太平洋造訪美國舊金山。150 多年來，海外發展工作一直是日本企業的必修課。

廣瀨芳和形容自己就像幕府時代的日本武士，遊歷四海尋找尋志同道合的朋友一起打天下，以友情為基礎在全球商業戰場闖盪，資源綜合運用也共創雙贏。經營多年之後，他連結了台灣和日本的各方資源，開始發展「台日菁英商旅社群」平台。把過去服務過的客戶整合起來，提供彼此的經驗和資源，讓台灣和日本兩邊的企業能更順利的到各自的國家落地發展。

協助日本產業與台灣企業合作

廣瀨芳和從過去的經驗來分析，認為長年以來日本企業最受台灣歡迎的三大行業分別是：

一、餐飲業：日本品牌一直是台灣餐飲市場的強勢物種，從拉麵店到燒烤店，許多日本知名的企業都已經在台灣發展。這樣的風潮正方興未艾，未來將會有更多的日本餐飲產品在台灣落地。

二、醫療儀器業：日本醫療儀器產業水平相當高，台灣也一直是日本醫療儀器在海外的重要市場。除了不斷引進新產品，日本業者也開始與台灣進行更多更高層次的合作。比如委託台灣生產製造，甚至共同開發中國大陸市場。

三、精密工具機業：台灣的精密工具機產業水準世界一流，和日本之間的合作交流超過半世紀，雙方擁有豐富的合作經驗和深厚的信任基礎。面向全球市場，兩邊未來顯然有更多合作的空間。

廣瀨芳和認為，不管是日本企業到台灣發展，或是台灣企業到日本發展，對會計服務的需要都會愈來愈多元。「台日菁英商旅社群」平台服務將是大勢所趨，針對兩邊企業菁英，以會計和商務旅行服務為主軸，提供

一站式資源整合產品，相信許多台、日企業都渴望這樣的協助。

從行程安排到食宿交通和翻譯服務，到市場情報蒐集與分析，再到話題創造與媒體宣傳，甚至資源對接與策略顧問服務。經過多年積累，這些資源都已有相當的基礎，廣瀨芳和打算從台灣出發，把這樣的服務陸續推廣到中國和東南亞。

點子人筆記

「三好策略」

透過「好酒」、「好菜」來結交「好朋友」，一直是全球成功商人發展人脈的必殺技，除了可以嘗遍各地美食，也能廣交四海好友。

三意變三億

簡廷在×華人迪士尼

"以迪士尼的經驗來分析，一座主題樂園往往具有「創造 IP」、「創造產業聚落生態」和「創造就業機會」的三創價值。"

—— 簡廷在

　　一早接到台南豪門國際開發董事長簡廷在的簡訊，才知道他已經回到台灣。我們幾年前在大陸珠海認識，現在他已經是澳門台商聯誼會會長兼珠海台協副會長。自從 1992 年去珠海發展之後，他幾乎每個月都回台灣，對於兩岸社會的動態一直很關注。

　　我們聊起中國大陸的粵港澳大灣區和高雄市長韓國瑜。不久前他和韓國瑜市長見面，韓市長便請教他有沒有可能引薦迪士尼到高雄。簡廷在和迪士尼多次合作，全球六個迪士尼樂園的工程他參與了三個，上海迪士尼主城堡 ——「奇幻童話城堡」更是簡廷在的得意作品。

　　「每個迪士尼樂園的設計原則都是必須擁有 1 億的消費人口。」簡廷在說，更何況亞洲現在已經有三個迪

士尼，台灣只有 2,300 萬人口，該如何競爭？

打造全球頂尖主題樂園三重點

面對這樣的困局，簡廷在反而覺得很樂觀。站在三個迪士尼所經營的數億遊客人數基礎之上，他覺得這反而是台灣很好的機會。打造和迪士尼完全不同風格與定位的一流主題樂園，成本低又能名利雙收。

和世界一流主題樂園合作多年，他說台灣只要掌握三個定位重點，就能打造出全球頂尖的主題樂園：

一、歷史觀： 從全球華人共同歷史脈絡出發，從黃帝的故事一直談到民國，把每個年代的人文風景轉化成各項遊樂元素，將教育融入娛樂之中。

二、宗教觀： 以全球華人共同的宗教信仰做主題，他建議韓國瑜可以考慮在高雄愛河的出海口，打造全球最大的媽祖雕像和主題樂園。

三、宇宙觀： 長年來人類一直在探索宇宙，對外太空有愈來愈多的了解，但是只有極少數的人經歷過現場。如果能利用科技重建各種外太空現場，這種逼真感也是世界各大主題樂園還做不到的。

簡廷在說，這些點子要實現當然需要不少資源，但

是卻比引進迪士尼的成本低許多。更重要的是,迪士尼終究是外國人的資產,為什麼不為台灣打造一個可以名利雙收的未來?

用大型主題樂園拉動「想像力產業鏈」引擎

簡廷在的信心應該是來自於多年的經驗。2018 年 12 月 31 日,位在中國的海南島海口市的「長影環球 100 奇幻樂園」,被號稱為「中國唯一、世界一流的電影主題樂園」開幕,就是由簡廷在的團隊設計打造,耗資 300 多億人民幣。這是第三個位於海口市的主題樂園,長年以來大陸各地方都把打造主題公園當成拉動地方經濟重點工作。最重要的原因,是一座大型主題樂園往往等於拉動「想像力產業鏈」的引擎。

以迪士尼的經驗來分析,一座主題樂園往往具有「創造 IP」、「創造產業聚落生態」和「創造就業機會」的三創價值。

米老鼠在 1928 年誕生之後,一直是迪士尼最重要的 IP(智慧財產)之一。透過實體樂園的經營,這個 IP 從電視和網路的虛擬世界進入了實體世界,也等於創造了新型態的 IP。這樣 IP 的創造,除了是主題樂園

事業最核心，也直接嫁接了地方各項產業資源。

　　一座主題樂園的興起，也代表一個地方產業聚落的出現。一旦人潮來臨之後，各項食衣住行的需要也自然會出現，背後都是含金量極大的商機。從陸海空交通到觀光，各行各業都能找到新的發展機會。

　　產業的基礎是人，不管需要的是腦力，還是勞力，各級學校培養的人才都能找到一展長才的機會，才能把整個「想像力產業鏈」導入良性迴路裡。

點子人筆記

「文化戰爭」

娛樂事業是心靈的軍火產業，透過影視產業建構全球市場，再從這個基礎出發推廣遊樂園和各種實體商品，在賺取高額的利潤的同時，也把屬於自己國家的文化與價值觀注入另一個國家。

三意變三億

江榮原×阿原肥皂

"事業經營的最高指導原則，就是「盡其所能的照顧土地和人」。"

—— 江榮原

　　2005 年開始在路邊賣手工肥皂起家，「阿原肥皂」的足跡遍布海內外最高級的潮流時尚商場，也一直是台灣「農業文創化」的代表性品牌。

　　從 14 年前創業到今天，阿原肥皂創辦人江榮原經歷了說不完的故事。飽嘗人情冷暖之後，讓他記憶最深刻的，是一個公司員工和他的對話。

從「田邊經濟」做起，創造在地經濟

　　那時阿原肥皂剛在新北市金山的田裡創辦沒多久，就近在北海岸找了一位退休的老漁夫來做手工肥皂。工作一陣子之後，江榮原關心他在工廠裡做得是否習慣。「好開心啊！來公司上班之前，過得很難受，每天悶在

家裡看媳婦臉色。」老漁夫說，到公司上班後他找到了新人生，覺得自己是個有用的人。

那段對話讓江榮原一直忘不了，錢也許不能讓這些退休農漁民朋友上天堂，卻可以讓他們下地獄。只要有個適合的工作，只要每個月台幣 2 至 3 萬元的穩定收入就能讓他們安身立命。

這也讓他更堅定了發展「田邊經濟」的決心，結合來自土地的人與農作，用產品述說台灣安心的生活、生產與經營生意。這樣的日子，14 年後還在繼續──公司裡許多員工都陸續介紹了自己的左鄰右舍和親朋好友加入阿原肥皂，員工人數也從創業第一天的三個人增加到三百多人，營業額往 10 億元台幣邁進。

人生起起伏伏，才能看見對的人事

今天的阿原肥皂，已經是一個結合「創意、公益、生意」的三意品牌。談到三意經驗，江榮原說，一切都是從「土地倫理」和「勞動力美學」這兩個核心思維出發。阿原的創意來自農民工匠的智慧，師法自然，把公益融入生意之中，定時定額地資助社會最弱勢的一群人，事業經營的最高指導原則，就是「盡其所能的照顧

土地和人」。

　　過去兩年，江榮原經歷了許多從沒有過的人生劇情。先是公司成為媒體新聞話題，緊接著被貸款銀行抽銀根，價值台幣上億的貨品被壓在倉庫裡。好不容易整件事落幕，公司元氣大傷之餘，他又出了車禍。但是樂觀的他卻覺得自己經歷這些之後得到很多，看清楚了一些過去沒看清楚的人與事。有些本來準備離開公司去創業的同仁，刻意留下來陪公司與他一起度過難關。在最艱困的時刻，有些人頭也不回的離去，卻也有更多的朋友主動伸出援手。

　　說到這裡，江榮原拿出手帕開始擦眼淚，他說幾個月前出了車禍，到目前為止，鼻淚管還沒有復原完全，所以淚腺有時會自動作用。他一邊微笑，一邊流淚，像是感嘆於過去人生所經歷的苦苦甜甜。

　　經歷過重大的人生撞擊之後，江榮原的夢想也更大了，在台灣北海岸的石門地區找到一大塊地，準備興建全球企業總部，把生態、生活、生產和生意全部集合在這裡，並且開始推動各項接班計畫，為公司員工提供更大的舞台。聽到他這樣的夢想，不只台灣企業家和資本市場熱情支持，連大陸的企業都跨海來找他合作。

創意、公益和生意的三意思維已成 MIT 精神

　　有趣的是，這些來自大陸的邀約，除了希望能代理經銷阿原肥皂的產品，更堅持要江榮原能親自過去對岸，以口傳心的方式傳授阿原肥皂的產銷經驗和品牌精神。這些大陸商人對「江榮原」的興趣也令當事人好奇，讓他忍不住問對方：「為什麼如此堅持阿原肥皂的創辦人要過去大陸演講或宣傳？一直以來，代理生意的核心不就只是產品？」

　　「因為只有面對面的學習阿原肥皂的品牌精神，才能讓我們的產品與眾不同。」大陸的 CEO 說，阿原的創意、公益和生意經驗，也正是中國目前最需要的。

　　忽然覺得，「三意思維」好像已經成了大陸對台灣的某種品牌印象。

點子人筆記

「台灣價值」

台灣的「善良」、「多元」和「包容」一直是多年來備受肯定的價值，這些價值也投影在各項產品，發展出更強的典範力。如同大陸近年來在經濟起飛之後，仍然對於台灣生活美學充滿高度興趣。

【三意對話8】／以音樂美學改造台灣

賴文福 × 台北愛樂樂團

"許多台灣企業都支持過台北愛樂，許多人也都觀賞過台北愛樂的演出，這些記憶都像某些養分，滲入產業的每個環節裡，轉化成更多的能量。"
—— 賴文福

　　每次和台北愛樂樂團的團長賴文福見面，我幾乎都會請教他同一個問題：「古典音樂在台灣的聽眾人數，看來沒有流行音樂人口多，經營古典樂團卻需要龐大的社會資源。對台灣來說，這樣的小眾文化的意義是什麼？」

　　「打個比方說吧，看得懂《相對論》的人沒幾個，但是每個人都知道愛因斯坦的《相對論》很重要。」賴文福說，有時候，小眾其實也意味著「稀缺」[註1]和「價值」。

註1：稀缺，英語：「Scarcity」，又稱為稀少性、缺乏，是經濟學中的基本概念，意思是個人或社會的資源，不可以滿足人類的需求。

「愛樂樂團」（Philharmonic）像是一種看不見的地標，聚集了各個城市裡的優秀音樂家，標示一個城市的文化高度。最早的愛樂樂團源自於 15 世紀歐洲大陸，貴族雇用音樂家為宮廷演奏，這些音樂家在離開宮廷之後自己組成愛樂樂團四處巡演。

台北愛樂是台灣社會記憶資產

台北愛樂樂團在 35 年前成立，賴文福認為，即使台灣社會再花個 35 年也無法培養出另一個台北愛樂，但因為時空環境已經完全不同，並完全無法複製的台灣社會記憶資產。許多台灣企業都支持過台北愛樂，許多人也都觀賞過台北愛樂的演出，這些記憶都像某些養分，滲入產業的每個環節裡，轉化成更多的能量。

儘管沒有政府和特定企業的支持，全球的愛樂樂團都是由音樂家自力運作管理，反而更能回歸音樂專業，自然而然能形成磁場吸引最菁英的人才。

但是賴文福認為，一個樂團要成功，除了優秀的音樂家，更重要的是樂團的外部資源，那意味著種種物力和精神的支持。

「每一次的海外演出，都是意義非凡的外交活

動。」賴文福回憶 35 年來的海外巡演經驗，在外交困難的年代，台北愛樂也屢屢用文化藝術為台灣突圍。不只把台灣的音樂家帶到世界各地，也展現台灣的文化與經濟實力。

用音樂讓台灣被看見和聽見

兩年前，台北愛樂受邀到日本演出，日本首相安倍晉三的母親和駐日代表謝長廷同場觀賞，對兩個沒有邦交的國家來說，這樣的畫面顯然意義非凡。最令日本人驚豔的是，台北愛樂也把 350 多名樂迷從台灣帶到日本，這些樂迷除了在表演廳裡為台北愛樂加油，更包下一家家飯店和餐廳，同步展現台灣的文明力和消費力。

「每一次演出，台北愛樂都會表演『國民樂派（Musical nationalism）』以及台灣作曲家的作品。」賴文福分享，國族文化是藝術創意的靈魂，也一直是台北愛樂表演的創意核心。

透過培育藝術家和觀眾，並且推動文化外交，讓台灣被看見和聽見，是台北愛樂長年來所做的事。

這些創意和公益工作看來與生意無關，卻能對台灣產業界有更多的加分，幫台灣的品牌和產品注入更多的

文化養分。

從這些經驗來看，台北愛樂可說是結合創意、公益和生意的「三意事業」。

賴文福認為，多年來，台北愛樂始終在創意和公益兩個方向上不斷努力著。今天，這些努力正在開花結果。經過 35 年的準備，台北愛樂將邁向全新的旅程，以「東亞樂派」為主題，由台灣發起，串連日本、韓國等東亞地區的優秀樂團向全世界發聲，除了在各國輪流舉辦論壇和演出，同時探索未來更多合作的可能。

點子人筆記

「稀缺的普世性」

不管東西方社會，古典音樂一直屬於極少數人，不管音樂家或聽眾，永遠都是萬中選一，但是因為每個國家都是如此，所以一個國家古典音樂的程度就往往等於文化高度。

三意變三億

吳和臻✕東湧實業

"我們從來沒有離開「乾淨燃燒」這個主軸。在世界上，我們引領環保的潮流，在台灣我們依舊把這樣的理念一步一腳印地在這塊土地上扎根。"
　　　　　　　　　　　　　　　　　　　　　——吳和臻

　　我一直在探索台灣企業實踐「創意、公益、生意」的三意故事，東湧實業股份有限公司也一直是我心目中典型的「三意企業」，用創意持續推動公益和生意。

　　採訪當天我來到東湧的企業總部，位在苗栗三義火車站附近，依山傍田且四周風景非常的托斯卡尼。東湧實業股份有限公司董事長吳和臻每天在這裡經營全球市場，她說在這裡辦公思路會很清晰，做戰策略總是隨著好的因緣而生，而產生許多良善的結果。

　　多年來專注研發乾淨燃燒的科技，希望讓熱水器一氧化碳中毒的悲劇不要再發生。東湧實業這樣的理念也在歐美市場相當受歡迎，許多國外同業跨海想取得合作機會，共同將熱水器節能又環保的理念推廣到全世界。

多元化產品設計的創意源自於養活工廠

20多年來的研發，東湧實業隨著 Dyhot 品牌知名度愈來愈高，所經營的產品愈做愈多元，從熱水器、烤肉爐到安全燭光火焰，版圖更從浴室、廚房一路發展到客廳。

我好奇她為什麼會有這麼多的創意？因為這些產品看來用途完全不同，且研發製造和行銷都需要不同領域的人才，在台灣能這樣多角化發展產品的公司實在並不多見。

「其實是因為要養活工廠，才會生出這麼多創意。」她說，不同的產品有不同的淡旺季，為了讓生產線一直運作，就慢慢發展出更多的產品，有些產品則是在研發道路上意外發展出來的副產品。

但不論是哪一條產品線，吳和臻說：「公司的定位與產品的定調，從來沒有離開『乾淨燃燒』這個主軸。在世界上我們引領環保的潮流，在台灣我們依舊把這樣的理念一步一腳印地在這塊土地上紮根。」

這其實也是台灣許多企業的共同經驗，在限制下找出創新的機會。就如同法國人類學家克勞德・李維史陀（Claude Lévi-Strauss）所說的「隨創」（bricolage）

創新，善用既有的資源來突破限制。即使手邊只有一塊石頭，也能把釘子成功釘進牆面，根本不需要鐵錘。

賣的不只是熱水器，還有安全及服務

東湧的第一條產品線是熱水器，已獲得總統官邸和全台灣許多豪宅的採用，特色是高燃燒效能，一氧化碳排放量低於 100ppm，燃燒效能和潔淨度完全符合歐美國際水準。即便是即熱式熱水器也能在穩壓同時，供應多間房間源源不絕的使用熱水。

吳和臻表示：「熱水器應該是屬於系統化的產品，顧客除了買機器之外，更應該買的是服務，因為從管線規畫到熱水器挑選，再到安裝試水都是學問。」當一個房子的浴缸無法被放滿熱水，那實在是建築業界一個很Low 的表現，表示在建築規畫時，並沒有預先思考居住者入住後的生活安全及舒適性等細節，顯示建築的系統整合做得不夠。

如同買車一樣，從事前的試用，到使用後維修，都應該注意。所以她特別設計了「體驗室」，讓客人在購買前就可以來預先了解熱水器，甚至以熱水器業界龍頭之姿，親自架構台灣的售後服務系統，為的就是解決熱

水器業界的亂象。

根據消防署統計，過去 15 年來，一氧化碳中毒人數已超過兩百人，主要原因都是熱水器沒辦法有效燃燒瓦斯，再加上空氣不流通而發生意外。每年冬天，台灣總有民眾洗澡時發生一氧化碳中毒，再加上無以數計的老舊瓦斯熱水器因積碳而排出各種汙染。

甚至老舊大樓使用電熱水器因電線老舊，而產生過載跳電及電線走火的情形，社會都不應該漠視。

傳達屬於台灣人的燃燒美學

吳和臻說，這些燃燒科技的研究需要耗費相當的心血和資源，光光是熱水器的研發費用已經超過台幣 20 億元。台灣的熱能科技已經具有世界一流水準，許多國外大廠也積極來台尋求合作，謙卑地站在這個產業的浪尖上，吸取過往的研發經驗，更快速的研發與整合，以卓越的品質肯定可以在全球市場佔有一席之地。

採訪過程當中，吳和臻透漏了一個祕密，她說：東湧研發的熱水器，可以撼動熱水器業界的百年大廠，除了卓越的性能外，它還含藏著一個廣大的願力：「願 Dyhot 熱水器所製造的清淨水流能如菩提甘露，洗滌眾

三意變三億

071

生一切的無明與煩惱，願一切眾生復本心源、見自本性本來清淨！」如是願力、如是住持在每天營生事業福國利民的普賢行中。

放眼未來，「熱能科技與美學」顯然是台灣極有能力向世界輸出的產業。除了在科技的硬實力已占有一席之地，在各種環保熱能產品向全球開枝散葉的同時，也等於在同步擴散台灣的軟實力，詮釋台灣人對於燃燒美學的理念。

或許，台灣也可以透過觸覺、味覺和視覺來傳達某種屬於東方，也屬於全世界的美學觀。

點子人筆記

「三廳思考」

在辦公室之外，每個人每天花最多時間的是在家裡的「客廳」、「臥室」和「廚房」。把自己的商品搬進這三個空間，一直是許多品牌的策略思考主軸。如能進一步從「空間美學」的需要來發展，將能創造更大的價值。

【三意對話10】／用三意文化聚落打造新客家美學

古武南×水井茶堂

"把生活過好才能讓生意有更多的能量，因為生活正是北埔最重要的產品。"

—— 古武南

20 多年前，經歷 12 年的台北人生活之後，新竹北埔文史工作室負責人，也是「水井茶堂」主人的古武南又回到北埔老家。

在台北的每一天，他的心一直在北埔。每到元宵和中秋這些節日他的腦海就會自動浮現許多北埔記憶。夏日夜裡的煙火與明月，節慶時的廟口大豬公與流水席，他覺得台北人該會喜歡這些美好生活。

北埔擁有獨特的社區永續發展模式

回到北埔之後，古武南和家人開始有計畫的把北埔人的生活轉化成一門生意。那是個北埔還沒有觀光客的年代，在老街上開茶行和餐廳，整修百年老宅帶文史

導覽，這些新生意竟然大受歡迎。分享這些生活日常帶來相當不錯的收入，也讓他對經營北埔的文史資源更有信心。

人潮在假日湧進北埔，除了穿梭在客家老宅之間也品嚐客家餐飲，北埔老街愈來愈像一個客家生活博物館聚落，也像是台三線上一顆閃亮的明珠。

今天的北埔的「客家生活文化聚落」已經成型，八個據點彼此相距都不到五分鐘路程。古武南持續修復和營運更多老房子，也思考該如何讓這些文史資源散發出新的能量。他在這些老宅裡面泡茶寫書導覽，也曾數度出國演講交流，甚至在義大利的威尼斯雙年展上表演用東方美人冷泡茶和客家山歌，20 年來結交不少海內外的文人雅士。

古武南認為，聚合了特別的天地人元素，北埔發展出一套獨特的社區永續發展模式。這樣的模式除了在全世界難得一見，也可以做為台灣未來各地方創生活動的借鏡。

「許多北埔人過著和台北人完全相反的日子，每周只工作兩天，假日做生意，平日過生活。」古武南說，把生活過好才能讓生意有更多的能量，因為生活正是北埔最重要的產品。

用生活來滋養文化，再把文化轉換成生意

　　對北埔的文史工作者而言，如何透過生活把文化資源的基盤建構的更加厚實是最重要的工作。用生活來滋養文化，再把文化轉換成生意，這樣的循環不斷的持續和強化，正是成就今天北埔的經營方程式，用時間把把生活和生意技巧的切割與依存。

　　如同運轉「創意」、「公益」和「生意」這「三意模式」，北埔20多年來的經驗也展示了台灣地方創生工作的某種可行方向。古武南認為，如果能分享北埔經驗到台灣各地，假以時日，應該能讓這樣的「三意文化聚落」遍地開花，翻轉台灣農村的生產與生活。

　　當國際貿易讓農村的生活資源不再只是依賴農作，保存過去民族的生活與記憶反而成了得天獨厚的珍貴商業資源，這些畫面早在多年前就在歐美日等國家出現。

　　今天的北埔也找到同樣的策略，運用文史資源來為各種生意加值，並且型成出一個結構清楚的產業生態。從百年老屋裡一盒身價上萬的茶，到廟口和老街上的攤販上任何商品，只要搬到北埔就能被加值，只因為受到這裡的文化和歷史的滋養。

把自己文化風土照顧好，才有國際特色

　　如同全世界許多古老小鎮，從過去到未來，北埔的挑戰其實都一樣，就是如何做到「old but new（老而彌新）」和「cool not cold（風格特立）」。古武南認為，台灣從 1996 年開始推動社區總體營造，啟動了以鄉村為主題的社會產業與文化轉型工作，一直到今天始終在和同樣的挑戰在搏鬥，這背後最重要的是文化自信。

　　「別人的經驗可以參考，但是要借用這些經驗來走出自己的路。」古武南說，北埔不是京都或普羅旺斯，不可能完全移植任何一個古老城鎮的經驗。因為每一個城鎮都是獨一無二的，台灣只有用心的去照顧好自己的文化風土，才能由下往上的建構一個高附加價值社會。

點子人筆記

「復古式創新」

讓生活回到過去也是另一種創新，早年農業社會，晴耕雨讀，日出而做，日落而息，對現代人而言是夢寐以求的難得人生。日復一日的工作過勞，對身心健康都是極大的傷害，北埔經驗顯然提供了選擇生活的新可能。

【三意對話11】／ 創業式修行，用信仰創造收入

上瀧滿×宗教型創業家

"日本的宗教一直被視為一種職業，所以只要合法、合情、合理的經營，生意也可以是一種修行。"　　── 上瀧滿

日本京都附近的山裡，上瀧滿主持著一座一百五十多年歷史的不動明王廟，日子一直過得很忙碌。每天除了打理廟裡的日常業務，還要經營各項投資事業。

在大阪和東京都有辦公室，2019年初，他帶著信徒飛到台北，開始在台灣創業，創業的資金和人才都來自日本的信眾。他說，目前正在評估和計畫，接下來的創業地有可能在韓國、越南或是夏威夷。

創業投資，讓信徒們和宗教連結得更緊密

「我們廟裡一直都有這樣的傳統，信徒來自各行各業，大家把資源聚合在一起彼此幫助。」他說，信徒除了每個月捐香油錢，也會請他擔任企業顧問。出家之

三意變三億

前，上瀧滿從事過不少行業，公司的經營管理他多少懂一點。

再仔細了解他的日常生活，更驚訝於這位日本修道人竟然還兼任「創業教練」，帶領信徒的孩子到海外去創業。像跟他來台灣創業的那位 27 歲青年，從小一直想當歌星，經過他溝通之後，先去了杜拜學餐飲，後來又回日本考到廚師執照，到台灣時已經可以獨當一面。

「這一代日本年輕人被保護得太好，應該到海外來磨鍊磨鍊，培養競爭力。」他認為，把這些孩子帶到國外創業，是珍貴的成長禮物。了解他的想法之後，有些信徒甚至主動要求他帶自己的孩子到海外創業。

創業需要資金，幾位事業有成的信徒共同投資了創業基金，這樣的結構也巧妙的建構了一個生態系。不同專業領域的投資人透過信仰的連結帶來彼此的信任和投資基會，也組成一個教練團培育下一代的創業家。而這些做法也讓信徒們和宗教連結得更緊密，互動模式顯然和許多宗教相當不同。

生意也可以是一種修行

放眼全球，宗教事業和宗教本身一直有相當明顯的

界限,各國政府也都設有理宗教事業基金的辦法。絕大部分的運作方式都是,信徒的捐款都透過基金會來推動教育和醫療這些相關事業,這些事業的運作模式也都依循一般民間產業的經驗。

這家日本山區裡的不動明王廟卻展現了一個少見的宗教事業形態,以信仰為中心串連信眾資源,再把這個平台發展成事業經營與創業平台。之所以能這樣運作,是因為日本的宗教一直被視為一種職業。

「像我們這種山裡的小廟資源少,必須想辦法走出去。」這位住持說,大宗教團體有眾多的信眾和深厚的社會資源,小廟要想辦法找到生存發展的方向。

上瀧滿認為,日本高齡化和少子化的情況愈來愈嚴重,但是不管有多少信眾,再小的一座廟都是個精神寄託平台。只要合法、合情、合理的經營,生意也可以是一種修行。

把自己的廟經營成觀光資源

帶著信徒來到台灣創業之後,他每個月都會從日本飛過來,慢慢的也找到更多的事業機會。像台灣每年至少有 400 萬人次到日本觀光,他正在計畫設計些特別行

程，讓更多人去他廟裡體會不同的日本之美。

「一直以來都是我走出去，希望有更多台灣的朋友能到我們這裡來走走。」他說，這也是另一種創業思維，過去他從來沒有想過：要把自己的廟經營成觀光資源。他希望能讓更多台灣朋友到廟裡去看看，也體驗在山水中禪修，同時吃吃喝喝在地的美食、美酒，創造可以記得一輩子的美好記憶。

「我想設計一個『不動明王福袋』，讓每個到廟裡的朋友都能把我的祝福帶回去。」他說，福袋裡可以裝一些他加持過的平安信物。這樣來過的人就可以每年帶著這些平安信物回來再讓他加持，就像是為電池充電。

點子人筆記

「創業式修行」

自古以來宗教的修行多半以「出世」方式進行，修道人遠離紅塵十丈，在身心寧靜的環境下修煉。日本有些出家人的生活形態顯然大異其趣，除了以事業思維經營宗教，也提供創業平台這樣另類的修煉機會。

第二部
✕
三意農業

面對農業的轉型，不能只依循傳統，

還要有創意及結合風土民情才行。

這裡這裡提供 5 個三意農業的最佳範例，

或許可以激發更多轉型的想像力！

露營＋小農平台×
山城小鎮的土地奇蹟

"透過小農平台，把都市白領的小農粉絲和小農們串在一起，可以提升台灣農業水準，又可以協助處理台灣勞動人口結構的轉型。"

在台北流浪拚搏了大半生之後，她決定回到故鄉繼續人生的下半場。儘管過去做過不少成功的企畫案，面對新的戰場，她其實有點緊張和不安。

再回到中部山城裡，小鎮的情況遠比她所想像的還慘。過去十幾年裡，故鄉的經濟一年比一年困難。

山區的農作本來是小鎮最重要的收入來源，大部分的人們也都世代務農。

但是 20 多年前政府開始在這裡設了工業區之後，勞動人口開始大量被工業區所吸收。

農民看天吃飯，轉行當工人，除了收入穩定還有各

種員工福利與保險，大家搶著進工廠工作看來似乎是天經地義的事情。

當工廠離開時，小鎮該怎麼辦？

於是土地就這樣被拋棄了，鄰近沒有工廠的城鎮度過了轉型期，在過去 20 多年來全力發展觀光，已經成了國內外知名的觀光亮點。

而相距不過一小時車程的這裡卻愈來愈沒有活力，年輕人流向城市，白天只有老人、小孩守在家裡，晚上人人早早就睡，小鎮裡根本沒有商業活動，沒有觀光人潮，沒有消費人口，勞動力持續流出，那種安靜其實是由於消沈。

小鎮就這樣靠工廠養了 20 多年，但隨著市場景氣變化，工廠一家家關門或裁員，愈來愈多的中壯年失業人口流浪在人生的十字路口，往前不知該怎麼走，往後更看不到退路。

她認為，小鎮最後的希望還是那些被遺棄許久的土地。於是把祖傳的那塊果園整理起來，開始了露營場的生意，她問我：對這樣的事業有什麼想法？

我心想，這位經驗豐富的企畫人對她的露營場該有

更大的抱負。

　　果然，還沒來得及開口，她馬上接下去說。

　　她說：因為家裡有這樣一塊祖傳地，所以就順手拿來運用，走韓式風格的「免裝備露營」，這樣的風潮在台灣開始流行，生意應該不用太擔心。

重拾土地與人的關係

　　她最關心的是老家鄉親最近遇到的困難，老家多以務農為主，20 多年前幾家大型工廠來了之後，年輕力壯的農夫紛紛進廠成了工人，以圖個收入和生活安定。

　　20 多年過去，這些人也到了即將退休的年紀，再加上製造業不斷離開台灣和經濟不景氣，工廠只能一年年不斷裁員。

　　「但這些人的日子總要過下去，農作又是他們本來生活的一部分，我想幫他們搭個小農平台。」她說，至少那些工廠裡的老同事應該會念舊情來照顧生意，這樣供銷生態就會有基礎。

　　我覺得她這想法太棒了，這些被工廠訓練過的小農已經不是一般農夫，除了自律也容易溝通管理。如果能有個適合的平台來安排，把都市白領的小農粉絲和小農

們串在一起，可以提升台灣農業水準，又可以協助處理台灣勞動人口結構的轉型。

「也許妳的露營地可以來說這些很酷的故事，讓客人知道自己吃的，除了是新鮮在地的食材，更是一份能讓台灣更好的誠意與期待。」我說。

產業經濟轉骨工程的最佳示範

特別是台灣經濟看來就要進入寒冰期的現在，她的創新做法如果能做出初步的成績，對許多台灣沒落的農村無疑是極大的鼓勵。

再把這些成功經驗複製到更多地方，這樣持續推動做下去，就會是最好的產業經濟轉骨工程。

除了讓人們可以重新建立和土地的關係，不管人文和經濟都能發展得更好，也會建構出更健康的台灣。

點子人筆記

「半工半農」

連農委會都坦白說，台灣農民多半沒辦法靠專心務農養家活口，再加上台灣工廠外移，代工訂單也愈來愈少，工廠只能在有訂單時開工，無法長年擁有專職工人，在這樣的大環境下，如何發展「半工半農」轉型也是台灣社會的挑戰。

三意變三億

一餐高檔蕈菇料理×
搞定農業創新投資學

"台灣的農業科技水平世界一流，只要能複製出 1,000 個這樣的案子，我們的產業一定能找到新局面，經濟結構才能翻轉。"

朋友在 5 年前投資了一家公司，那過程是我聽過最有趣的投資故事之一。

創業團隊沒有用任何一張簡報投影片就找到了資金，而且這些資金背後都擁有雄厚社會資源，是創業家們最渴望的「聰明錢（Smart Money）」。在創業圈，背後不能帶來資源的「笨錢（Dumb Money）」愈來愈不受歡迎。

一場晚餐吸引資金到位的最佳行銷手法

故事從五年前那一次的晚餐開始，一位科技業大老

邀幾位企業家朋友到五星級飯店吃飯。沒有特別說聚會目的，大家也以為是場老朋友的聚餐，如同過去那樣。

每個人到了餐廳之後才發現，晚餐的菜單完全是量身訂做，每道菜都用了一種大家沒吃過的蕈菇食材調理，吃得人人讚不絕口。科技大老跟企業家朋友們說，這是他剛投資的新事業，從大學實驗室裡引進創新技術，利用植物工廠科技養在 24 小時控製光照和溫濕度的貨櫃裡，肥料完全國外進口，「農夫」們穿著如同晶片工廠工人的防塵衣照料作物，這些作物培育出來之後身價媲美松露。

許多企業家聽完動人的劇情後，馬上現場主動詢問可不可以投資。這項新事業完全不用做任何簡報，直接用產品來說話就順利找到所需的資金。

吃過那頓晚餐之後，有位企業家朋友成為這食材的鐵粉，也成為這家公司的大股東，對這項投資一直相當看好。他認為除了產品迷人，這項事業的經營模式也對台灣未來的產業發展很有啟發。引進各種國外資源與台灣經營團隊合作，生產高附加價值產品再行銷到更大的海外市場，結合科技和資金優勢，為台灣農業帶來新思維也開創新局面。

三意變三億

農業創新的三個關鍵經驗

在南部的生產基地裡，養在貨櫃裡的蕈菇每公斤身價高達台幣 2,000 元，原始品種來自巴西，經歷日本和台灣的研發改良之後，在科技和資本的挹注下，這些新型態的農產品正在改變台灣農村的命運。在貿易全球化浪潮的衝擊下，台灣的農業不斷的萎縮，農民的生存和農村的發展都相當辛苦，產官學界也長年在尋找振興農業的可行方向。

「台灣的農業科技水平世界一流，只要能複製出 1,000 個這樣的案子，我們的產業一定能找到新局面，經濟結構才能翻轉。」企業家朋友說，發展新農業是台灣產業轉型不能錯過的經濟戰略。除了能營造更好的生態環境，也能帶來更高的經濟產值。

我跟朋友分析，換個視角來觀看和思考，這案子會有更高的格局和價值，因為提供了農業創新的三個關鍵經驗：

第一是生產資源的整合：從農村在地資源出發，根據事業需要來做各種資源準備。從生產空間的硬體建構到產銷人才養成的軟體工作，到對接外部的技術與資金，甚至整合海外最先進的技資與軟硬體資源。

第二是以行銷創造價值：透過行銷來創造產品價值，讓產品產生超越原物料的價值，得到更好的獲利，也連結更多資源。

第三是營收模式的創新：從產品和消費者的故事裡淬取故事元素，發展智財（IP）產品，放大產品的價值與格局。

傳統農業的內需思維時代已經過去，面向未來，台灣的農業勢必要以「高資源、高價值、高格局」這三高方向來吸收人才、技術和資金，面向全球市場才能走出台灣農業的新定位。

點子人筆記

「科技與自然」

科技和自然看來是對立的兩件事，發展科技就無法兼顧自然環境，但是從農業的需求來思考，善用科技反而能強化自然的能量。透過科技的協助，農作物更能因應大自然所給予的機會與挑戰。

三意變三億

香檳茸×
農業創新三面向帶來新風景

"香檳茸這項農產品是「農民希望工程」的起點，希望為台灣農民找到更優質和永續的生產模式，也把這樣的模式持續的複製。"

葉顯光是樂活生技公司的總經理，和他聊過之後，我很確定，這世上應該沒有幾家企業擁有這樣史詩級的故事。葉顯光說，公司的歷史可以從 88 年前說起。

延續 80 年前的一場農民運動理念

1926 年，為了幫助被日本政商欺壓的農民，23 歲的小學老師簡吉和一群朋友成立了「台灣農民組合」，提出了「農產品交易合理化」、「農村教育要發達」、「農村文化要開發」三大訴求，吸引了數十萬農民響應。經歷 25 年的漫長抗爭行動，簡吉兩次入獄被囚 11

年，1951 年，他被槍決於台北馬場町，成為白色恐怖的受難者。

2010 年，簡吉的兒子簡明仁創辦了大眾電腦公司，之後又創辦了這家生技公司——樂活生技公司，公司網頁上寫著這樣一段文字：「80 年前，曾有一群熱血青年，看重且珍惜農民，為了他們基本的生存權戮力奔走」。簡明仁認為，80 年過去了，當年台灣農業所面對的三大問題仍然沒有改善，成立這家公司，除了延續父親的志業，也想用全新的思維來協助台灣農民。

以香檳茸做為「農民希望工程」的起點

「除了為台灣農業找到出路，也期望能帶動更多產業的創新。」葉顯光說，過去 8 年公司除了專注研發推廣「香檳茸」，也歷經了一連串農業創新的實驗。香檳茸是改良自巴西磨菇的菌種，除了美味與身價比美法國松露與日本松茸，也是健康食品。這樣的產品以「精品農業」的策略來改變台灣農村的命運，許多觀念和做法都是過去沒有見過的。

香檳茸在貨櫃改裝的植物工廠裡培育，生長在光照濕度和養分都被嚴格精準控制的環境裡。相關技術來自

台灣最高水準農業和科技研發單位，整合各方產官學資源，瞄準全球高端市場，這些過去在農業界相當少見的創新，顯然有更大的理想。

葉顯光說，在公司的計畫中，香檳茸這項農產品是「農民希望工程」的起點，希望為台灣農民找到更優質和永續的生產模式，也希望把這樣的模式持續的複製。香檳茸的經驗如果能創新出 1,000 個類似的個案，台灣的農民、農村和農業將會是一番全新的榮景。

這樣的農產品可以為農民帶來更好的收入，也像是讓農村吸收各種創新能量的平台，同步帶來資金、技術與人才，達成讓農村進一步開發的理想，延續的是 80 多年前簡吉發起農民運動的理念。

農業創新的三面向

8 年來，香檳茸已成台灣指標性高級食材，除了廣受國內外名廚採用，相關的營養食品也供不應求，其中的「商業模式」、「價值」和「人文」這三個面向的創新更是值得關注：

一、**商業模式創新：**以貨櫃改裝的小型植物工廠可以用來當成生產設備向銀行申請貸款，以市場需求出發

的生產計畫可以保障香檳茸的市場價格，從供需兩端出發來改善農業市場的商業模式。

二、**價值創新**：除了食材和加工食品，更跨足製藥市場，進行以香檳茸為核心原料的新藥開發，創造更大的市場價值。也同時連結更多領域的資源，從資金到產銷研發人才都可納入新的價值網絡裡。

三、**人文創新**：為農村創造就業機會也吸引更多資源流入農村，甚至讓出走的年青人回流，在生產高附加價值的農產過程中，農村人口有更多的機會吸收新知學習，直接提升農民的自信與人文質感。

這樣的農業創新經驗，其實也像一種模型或製程，只要得到更多資本和知識的支持，將能為台灣農業帶來一番新風景。

點子人筆記

「農業新價值」

農業是最重要的策略產業，有健全的農業才能擁有良好的水土與空氣。在這樣的基礎之上，高附加價值的生活服務業和文化創意產業才能擁有良好的發展條件。也才能創造屬於自己各項產業的特色與差異化，這種「內需型」的新思維也才能為農業定位出新價值。

三意變三億

香草主題樂園×
三意創生創造在地就業機會

" 「創生」最重要的動能是創造在地的就業機會。除了能讓在地人安身立命，也能吸引離鄉的年輕人返鄉，讓中老年人活得更有尊嚴。"

　　7 年前，林德福從宜蘭縣文化局長的職務退休。當時才 50 多歲的他，思考著該如何走人生下一步。想了一些時間之後，一部電影讓他做出了決定。

　　他認為地球由三大物種組成，礦物、動物和植物，而其中又以植物對於人的影響最為深刻巨大。

從電影《阿凡達》得到靈感蓋宜蘭白宮

　　「《阿凡達》這部電影裡面說明了植物的靈性，也提醒我花草樹木可以為生命帶來更多能量。」林德福決

定把退休金拿來蓋一座超級大溫室，在自家的水稻田上，這座 1,000 坪大的白色建築就這樣蓋了起來。遠遠看來巨大醒目，被在地人稱為「宜蘭白宮」。

「宜蘭白宮」其實是一家香草主題樂園 —— 香草菲菲，裡面種滿了香草花木，也販賣相關商品與餐飲、精油，自製的香草麵包還可以同時提供 500 人用餐。

7 年下來，這家香草樂園除了養活在地的 30 多位員工，也驗證了林德福的事業理想。他努力在「創意」、「生意」、「公益」這三件事情上找到平衡，實現了「三意創生」的理想。

近幾年，台灣各界熱烈討論地方創生議題，許多人認為日本經驗值得學習，像是引進藝文資源到偏鄉，以解決少子和人口高齡化問題。

林德福從在地的資源出發，提供了另一種創生的經驗，也讓許多專家學者跌破眼鏡。

「創生」最重要動能是創造在地就業機會

當初之所以蓋大溫室，是想找到另一種人和大自然相處的方式。林德福說，在溫室裡，可以享受香草花木帶來的芬芳和心神安定，也不怕被蚊蟲叮咬，以科技來

營造更怡人的環境，這也是他當初創業的理想。

但是要實現這樣的理想，顯然比他想像的更困難。

第一個挑戰是如何養活這些植物，在室內幫植物澆水就讓他傷腦筋，更何況是在 1,000 坪大的空間。曾經為宜蘭成功舉辦童玩節等多場大型活動，人稱「點子王」的林德福在溫室地下挖了兩公尺深的蓄水池，讓雨水自動流進來，再用馬達把這些雨水打進溫室裡養活植物。

給水過程中，雨水還可流過屋頂降底室內溫度，再配合送風系統運作，即使在炎夏，也可把室溫控制在攝氏 27 度上下，所以整個空間裡沒有任何一部冷氣。

另一個挑戰，是林德福沒有生意經驗，他只當過公務員，完全不知道買賣是怎麼一回事。他只好把自己想像成消費者，如果自己不愛吃、不愛用的就不賣，每個細節都親力親為，就這樣一點一滴的把事業做了起來。

台灣地方創生的 3 大挑戰

回顧過去 7 年的經驗，林德福認為，「創生」最重要的動能是創造在地的就業機會。除了能讓在地人安身立命，也能吸引離鄉的年輕人返鄉，甚至提供二度就業機會，讓中老年人活得更有尊嚴。

林德福的創業故事讓很多人來觀摩學習，他也不藏私的大方分享。他說，只希望能讓事業生生不息的做下去，目前也沒有任何擴張和發展的打算。走過艱幸的創業路之後，他認為，台灣的地方創生目前要面對的是三大挑戰。

　　第一是財務：如何有效的聚合與運用資金，為事業做好基礎與後盾。

　　第二是技術：如何擁有具競爭力的技術，來發展產品與服務。

　　第三是管理：如何完善管理，讓事業運轉出效能。

　　回顧國內外的地方創生經驗，絕大部分都是由政府機構或非營利機構來催生拉動，林德福的故事顯然提供另一種可能。運用創意來運轉生意與公益，這樣的「三意創生」顯然相當激勵人心。

點子人筆記

「創生平衡」

面對人口高齡化與少子化，「創生」已成了世界各國發展地方鄉鎮的重要策略。利用文創活動吸引觀光人潮，除了可帶來消費力，也能維持地方各項生活機能的運作能量。重點是如何善用地方高齡人力，讓長輩也能享受參與創生的成就感。

三意變三億

雲林威士忌×
台灣風土加值的三意農創

"當全球農業都朝向「農創」轉型，台灣農業也需要一套自己的
農創戰略，才能不斷的價值創新和永續發展。"

「把您釀的 1,000 瓶威士忌放進西螺大橋下的河
裡，每年撈出十瓶放到網上拍賣，當成是品牌投資。」
我跟那位雲林釀酒人說，這是最省力廣告。

和釀酒人會見面，是因為受邀到雲林向一群青年農
民演講。我從我所寫的《這些點子值三億》這本書談
起，分享該如何結合「創意」、「公益」、「生意」來
推動「三意農創」。

台灣米酒＋美國波本酒桶＝雲林威士忌

我們在晚餐時，喝著釀酒人用台灣米酒放進美國波

本酒桶釀出的「雲林威士忌」，聊著他的大夢。

他說，美國可以用玉米釀出代表美國的波本威士忌，我們為什麼不能用台灣米酒再加上波本酒桶來釀出屬於台灣的「米酒威士忌」？

喝著在酒桶陳放兩年的台灣威士忌，愈喝愈感覺到東方和西方兩種風情在舌尖共舞。釀酒人說，他對自己生產的酒有信心，但是卻不知道該如何為產品說故事、做行銷，問我能不能給他一些建議？

我於是先問他為什麼想要釀這樣的酒？再問他覺得自己的酒和市面上的產品有什麼不同？消費者有什麼理由買他的酒？

他一下子答不出來，我再進一步把這些大問題問得更細。他於是明白，雲林這塊土地正是他最大的品牌資產。用這塊土地上種出的米所釀出的酒，如果能再從土地上生出動人的故事，當然會是品牌最好的推進器。

從「農業首都」走向「農創首都」

我們就順著這個方向談下去，於是談出了把威士忌放進西螺大橋下河水中的點子。他顯然對這個點子很感興趣，繼續問我發展其他「三意農創」的細節。我也再

度聊起稍早演講的內容。

「雲林要從『農業首都』走向『農創首都』。」在雲林土庫農會的演講廳裡，我向台下的朋友們分享過去十年來的觀察與思考。

當全球農業都朝向農創轉型，台灣農業也需要一套自己的農創戰略，才能不斷的價值創新和永續發展。

歷經多年的代工經驗，台灣各產業的紀律和執行力都擁有一定的水準，但是「價值創新力」卻一直是我們最大的挑戰。

最大的原因，是台灣社會的價值觀。當一個社會始終把「性價比（CP 值）」當成價值王道，就不可能有產業升級的動力，因為市場永遠最在乎的只是原物料價值。所以沒有人會消費本土生產的高附加價值產品，台灣生產高附價值產品的能力自然愈來愈弱。從手機、電腦到威士忌和各種農產品，台灣的消費者總認為外國的月亮比較圓，進口貨的價位永遠比國貨高，卻也總永遠賣得比較好。

生活＋生產＋生命＝三意農創理想

我向雲林的農民朋友分享好朋友江榮原先生的案

例，他所創辦的「阿原肥皂」一直是我心目中「三意農創」的具體實現。

以來自北台灣金山土地的花草為原料，為農民和漁民提供工作機會，把產品當成展現台灣風土人情的載具，把全世界當成市場，不斷的開彊闢土，和全世界一流的精品品牌競爭。

每一次和江榮原見面，除了感受他滿滿的能量與熱情，也總是能分享他許多的點子。最近，阿原肥皂更展開了「北海明珠」的歷史工程，在石門打造一個結合工廠與生活休閒機能的園區。

「農創的最核心，就是把『生活』、『生產』和『生命』這三者完美的融合在一起，回歸到農村生活最自在安適的生活形態。」我總是從阿原的經驗出發，不斷在每一場演講裡分享這樣的三意農創理想。

點子人筆記

「回到土地」

土地是一切的根本，不管農創還是文創，都應該從所在的土地出發的思考論述，因為那是和我們生命最親近的記憶。土地創造了特殊性和差異化，同樣的農作物產，生長在不同的土地就會擁有不同的靈魂。

第三部 × 三意生活

台灣其實有很豐厚的生活條件

包括醫療、整容、品酒、影視等

若能結合觀光及發展人才經濟，

相信能為這塊土地帶來更多能量！

當健檢資源和在地觀光結合

"如果把這些健檢資源和在地的觀光資源結合，規畫出「健康小旅行」一日遊或兩日遊的產品，看來是很有機會為台灣創造出新的生活型態和產業機會。"

　　幾位朋友健康都出了狀況，有人甚至不到 40 歲就走了。這些朋友的病其實都是可以事先檢測出來的，如果能早些發現，就能提早治療。

　　和醫生朋友談到這件事，他也認為應該從推廣健康檢查的風氣，來改善台灣人的健康。

　　根據衛生福利部的研究資料顯示，心肌梗塞、腦中風、癌症，一直是國人十大死因的前三名。目前台灣各健檢中心的檢查方向也都鎖定在這三個焦點，再加上業務競爭，健檢設備水準也愈來愈高。民眾只要能定期檢查和追蹤，就能把自己的健康管理在一定的水準之上，也可以節省醫療資源，對個人和對社會來說都是好事。

　　「難度還是如何讓民眾養成主動健檢的觀念。」醫

生朋友說，特別是針對最需要健檢的中壯年人。他們往
往忙於事業與工作，總是疏於照料自己的健康。有些人
即使公司提供滿好的體檢福利，也是能閃則閃。要這些
人在忙碌的生活中抽出時間去做檢健，更需要設計些誘
因。我於是跟醫生朋友說了「歐洲之星」的故事。

讓人忘卻時間的「歐洲之星」

這個穿越歐洲的高速鐵路系統，從倫敦到巴黎的車
程大約是兩小時又 35 分鐘。從 1994 年通車以來，各界
的專業人才一直在研究如何提高歐洲之星的車速，看能
不能在兩小時之內列車就能從倫敦到達巴黎。

幾十年來，這個理想一直沒有實現。之所以沒辦法
實現，有安全也有成本的考量。有一年，一位廣告人跳
出來說，與其提高車速，倒不如讓旅客忘了時間。只要
在車廂裡安排比基尼模特兒走秀，或者各種藝文表演，
就能讓旅客不想下車。他說，這樣的創意還可以把歐洲
之星經營成一個媒體，吸引各廠商來投放廣告或贊助，
為歐洲之星帶來可觀的收入，再用這些收入來提升服務
品質，如此不斷的正循環發展。

時間有兩種，一種是手表上的「物理時間」，一種

三意變三億

是存在腦海裡的「心理時間」，我們之所以會感覺光陰似箭或度日如年，完全是因為心理時間的緣故。

「所以，如果把健檢這件事包裝成旅行或別的產品，也許對這些忙碌的企業菁英誘因就會大得多。」我跟醫生朋友說，怕接近醫院是人性，要病人吃藥都需要糖衣了，更何況是要人來做大半天的健檢。

推動「健檢假」政策，贏得健康及觀光

台灣各地的健檢資源都有相當的水準，如果把這些健檢資源和在地的觀光資源結合，規畫出「健康小旅行」一日遊或兩日遊的產品，看來是很有機會為台灣創造出新的生活型態和產業機會。

長年以來，不管交通或食宿，台灣的旅遊資源都處於「假日不夠用，平日沒人用」的狀態。如果政府和企業能推動「健檢假」，鼓勵民眾利用平日去健檢和享受更高的旅遊品質，不是一舉兩得嗎？

「你說得有道理，像在新竹台三線上有一家很棒的健檢中心，很多台北人嫌遠，但是如果叫這些人來享受台三線的美食美景，這誘因就大多了。」醫生朋友說，這樣的模式也可以複製到台灣各地。

有一陣子，到花東地區植牙成了台北的流行。這些偏遠地區的牙醫師本來生意都滿清淡，但是自從有病人發現，這裡植牙比台北的費用低很多，就把這個消息分享給身邊人，於是有愈來愈多人到花東旅行兼植牙。

　　同樣的道理，當然可以把健檢包裝成一次動人的小旅行，也許和家人，也許和親友或同事，在山光水色和美景、美食之間為健康投資。

點子人筆記

「綜效誘因」

將旅遊和健檢包裝在一起，同步將兩者彼此的價值提升，也有助於調節城鄉的醫療資源分配。鄉間的醫院如果擁有相當水準的醫檢設備，也同時能提供更好的服務品質，不像都會裡的醫院總是人滿為患。

當斷食成為一門好生意

"斷食會是未來的明星產業，讓人更健康，也讓地球更環保，又能創造經濟產值，這樣充滿建設性的行業怎麼會不發達。"

　　從 2006 年開始，台灣益生菌保健推廣協會會長陳立維一直持續研究「斷食」的相關資訊。13 年下來，他對這斷食對人體的影響已經有相當的理解，開始經營社群分享交流相關資訊，也到處演講宣揚斷食。

　　陳立維的故事只是台灣斷食生活社群的一塊拼圖，在網路上 Google 斷食相關資訊可以找到四千萬筆資料。用英文「intermittent fasting（間歇性斷食）」可以在全球網路 Google 到六千五百多萬筆，這些數字不管怎麼看都不容忽視。連許多矽谷科技新貴都向媒體說，自己長期以來一直在進行各種斷食，像推特（Twitter）CEO 多爾西（Jack Dorsey）標榜自己一天只吃一餐，除了更珍惜食物、思考也更專注。

兩種斷食法，全世界正在流行

目前全球斷食法的主流方式，大致可分為「52 斷食法」、「168 斷食法」這兩種。在歐美各大城市，這兩種斷食方式已經成為一種流行多年的生活風格。

所謂「52 斷食法」指的是，在一週內安排 2 天不連續的斷食日，斷食日男性熱量攝取不超過 600 大卡，女性不超過 500 大卡，而攝取內容則以優質蛋白質、低醣以及蔬菜水果為主，其餘 5 天則正常飲食。倡導這種斷食法的英國醫師麥克・莫斯里（Michael Mosley）宣稱，自己以這種方法在 3 個月內體重減了 9 公斤，體脂肪含量也有了明顯變化，許多病症指標更下降不少。

而「168 斷食法」則是每天刻意讓自己空腹 16 小時，這種斷食法的理論基礎是認為，人每吃完一餐後，身體需要 7 到 10 小時來消耗掉儲存的肝糖。也就是說，每餐吃完 7 到 10 小時後身體才會開始消化身體內的脂肪，所以只有睡覺時會有機會燃燒脂肪。每天空腹 16 小時，利用八小時來讓身體來準備能燃燒脂肪的環境，再利用 8 個小時來燒脂肪，可以減重也可以降低罹患各種疾病的風險。

用適合的斷食來節制飲食，找回健康

陳立維說，多年來，斷食一直不被醫療主流體系鼓勵，但是已經在全球成為愈來愈被接受的生活形態。特別在瑜珈教室和健身房，配合酵素和各種飲食的斷食課程早就行之有年。其實在醫學體系裡，斷食已經有了相當強而有力的研究做為知識靠山。

2016 年，日本分子細胞生物學家 —— 大隅良典以「對細胞自噬（autophagy）機制的發現」成為 21 世紀第 2 位諾貝爾醫學獎的單人得主。英國 BBC 電台認為，這樣的發現也許會更了解人體細胞自我修復機制，進而提升健康，達到減肥、延壽，甚至顯得更年輕的目的。於是，有愈來愈多人引用大隅良典的研究成果，來說明斷食可能帶來的種種好處。

但是在另一方面，也有營養師和醫師對於斷食的做法提出警告，認為斷食愈久，愈有可能導致人體缺乏維生素和礦物質，甚至讓蛋白質、碳水化合物、脂肪的攝取比例失衡。美國營養師陶迪克斯（Bonnie Taub-Dix）說，大多數人每天蔬果和膳食纖維的攝取量都不足。斷食所累積的飢餓感，很容易讓人在恢復進食之後，無法顧及均衡飲食而亂吃。

陳立維認為，從大趨勢來看，斷食的概念將會愈來愈遍及。因為在商業力量的推移下，餐飲業是公認含金量很高的行業。這個行業一定會一直發展下去，產值也會持續升高，也會導致對大眾健康的負面影響。當飲食過剩，人們就會以尋求各種斷食方法來節制飲食，找回健康。

「斷食將會是未來的明星產業，讓人更健康，也讓地球更環保，又能創造經濟產值，這樣充滿建設性的行業沒有理由會不發達。」陳立維信心滿滿的說。

點子人筆記

「現代飲食新型態」

人這種動物到底該適合什麼樣的飲食型態？原始人不可能像現代人這樣一日吃三餐，在那個沒有冰箱和外食產業的年代，一早醒來就忙著到處覓食，可能忙到中午才有東西可果腹，所以一天只吃一餐該是很正常的事。

台灣醫療產業的危機與轉機

"如果沒有政府和民間的上下整合,是沒有能力競爭的,這是台灣醫療產業轉型極為重要的機會。"

離開公職,他回到舊日的辦公室,繼續他的醫師生活,也持續思考關注台灣醫療所面對的挑戰和機會。

擔任過醫療行政體系高階主管的他很清楚,台灣擁有世界一流的醫師和醫療服務,但是也面臨著不可漠視的三大危機,我們的健保、醫院、藥廠這三大體系看來都危在旦夕。

以目前每年 6.6% 的複合成長率來推估,2030 年健保支出將破新台幣 1 兆元,這鉅額的健保費要從那裡來?即使能擁有這些錢,醫院生態的失衡也難以避免,小醫院一家家關,大醫院沒有足夠的資源照顧好病人。在這樣的大環境下,外國藥廠成為強勢物種,賺走大部分的醫藥費用,我們的藥廠自然缺乏競爭力。這三大困局環環相扣連在一起,互為因果。

產業化是台灣醫療最大挑戰

「放眼未來，台灣醫療最大的挑戰其實是『產業化』。」他說，台灣的醫院和藥廠和國際大品牌競爭，健保體系也才有機會更健康。這背後需要政策和相關業者的共識與合作，也需要產官學界龐大的資源投入。

說得更明確些，醫療的競爭早已經是全球化的產業議題，以「IHH Healthcare」為例，這個亞洲最大的醫療集團擁有超過 3.5 萬名員工，在馬來西亞證券交易所和新加坡證券交易所都上市。

近年來更在印度、中國和中東地區快速擴展。IHH Healthcare 的大股東是馬來西亞政府的主權基金，其他股東包括日本的三井集團和美國的花旗集團。

不難想見，台灣醫療體系如果要走出去，國內醫療產業要面對的是像 IHH 這樣重量級的對手。

如果沒有政府和民間的上下整合，是沒有能力競爭的，這是台灣醫療產業轉型極為重要的機會，IHH 鎖定東南亞市場，其實就是台灣新南向政策的那些國家。

同樣的劇情也正在處方藥市場發生中，目前全球醫師開給病人的處方藥裡，「生物藥（Biological drug）」比率愈來愈高，這樣的趨勢也預告著國家經濟

競爭的新劇情。

　　過去的藥物大都是由人工化學元素製成的「化學藥」，生物藥由生物元素提煉，製作更為複雜，利潤也更高，世界各先進國家都搶著在這個產業插旗。

　　像韓國三星集團所投資的 Bioepis 藥廠從 2012 年創辦到今天，已經成為生物藥大廠，未來很可能扮演「生物藥的台積電」，成為推動下一波韓國經濟躍進的引擎。

三方向走出醫療困境

　　他說，很多未來大家其實都看到了，但是該講話和採取行動的人都視而不見，這樣的現象也不只在醫療產業，很多產業都一樣。他認為，要讓台灣醫療走出困境，需要從「論述」、「交流」、「行動」這三個方向來著手：

　　一、「**論述**」：連結產官學界菁英，建構資訊平台讓言之有物的新知論述分享彼此，能集思廣益也能激盪出更多好的想法。

　　二、「**交流**」：除了資訊平台上互動，透過大大小小的論壇活動擴大面對面交流，讓資源能更深刻快速的

凝聚。

三、**「行動」**：把「論述」、「交流」兩方向工作做得夠紮實之後，自然能為各種行動做好充分的準備，一發動就能水到渠成。

他說，在台灣，醫師一直是醫療產業的核心，醫學院的教育也一直刻意避開生意這件事，社會價值觀也總認為醫生想賺錢是不道德的事。

這也造成台灣醫療在產業化上的先天困難，醫生不應該只想著如何從病人身上賺錢。但是如果沒辦法把醫療事業經營管理好，也沒辦法提供社會大眾更高品質的服務。所以，在兼顧醫德與事業兩者之間，應可找到平衡點。

點子人筆記

「生命與生意」

生命與生意看來不能混為一談，生命無價，但生意則完全數字思考。從另一個角度看，生意也是照顧生命品質的重要動力。因為利益巨大，醫療產業一直快速創新，也是商業社會獲利最高的生意之一。

餐酒會服務平台商機大

"如果能創造一個大平台,提供各種舉辦餐酒會的相關服務與知識資源,等於為台灣打造了一個強有力的風格產業推動引擎。"

　　資深葡萄酒講師兼作家 —— 劉鉅堂的葡萄酒餐酒會馬上就要舉辦第 300 場了。

　　從 20 多年前開始辦,每個月辦一場從不間斷。這樣的紀錄不要說是在台灣,放眼全世界應該也很少見。一群人每個月聚會認真的尋找高級餐廳,再列出酒單精選葡萄酒,這樣的活動竟然可以連辦 300 場。有些成員甚至從單身就參加到現在連兒女都來加入。

　　和幾位朋友聊起這件事之後,發現許多人其實都有自己的餐酒會,有些人甚至每個星期都會和不同生活工作領域的朋友共享美酒美食,把餐酒會當成一周大事來看待。

　　這樣的生活型態顯然已經成了台灣都市生活的一部分,喝葡萄酒的人口愈來愈多,年齡層也愈來愈年輕。

這樣的餐酒會內容也相當多元，除了好酒好菜，還會根據聚會族群不同的喜好安排特別節目。名人訪談、音樂表演甚至還有讀書心得分享，再加上各家酒商的行銷資源投入，台灣餐酒會文化發展至今已經有相當的水準。

100 億元市場背後消費潛力無窮

台灣已經是亞洲最成熟的市場之一，儘管每年台幣約百億元的市場規模只名列亞洲第七，但是消費者已經有一定的素養，於是也造就了百花齊放的餐酒會市場。除消費者自主的發動，各家酒商更是主動發展各種行銷活動，許多外國酒莊莊主到亞洲業務拜訪時，也常常會順道拜會台灣舉辦餐酒會。如同北京、上海、廣州，台北、台中、台南和高雄也是餐酒會風氣相當興盛的城市。

「試著想想，台灣每年喝掉台幣 100 億元葡萄酒，這些酒都是那些人在喝？」一位資深行銷人朋友和我討論這背後的可能性。

我們的共同結論是，這 100 億元台幣背後是台灣最具消費力的黃金消費群，而餐酒會是接觸這個族群的最佳介面。一場餐酒會的費用通常在 3,000 元台幣上下，有能力一餐花 3,000 元吃喝的人，收入應該也有一定的

水準。更重要的是，這樣的人口懂得享受美酒、美食，自然也能接受相關的生活風格商品。

我們從餐酒會的類型、餐酒會的消費群、消費動機都一一做了些探索。之後再分析歸納，把餐酒會的舉辦方式和延伸商機都做了一些思考，更確定這 100 億市場的背後充滿了無窮的潛力。

社會菁英參加餐酒會的動機

在全球任何地區，即使是先進的歐美日社會，餐酒會都是菁英族群生活的一部分，許多資訊和資源都在這個平台流動，一般而言，參加餐酒會的動機不外乎以下三種：

一、**解壓**：為生活尋找出口，在繁忙的工作之餘找機會放鬆，和好朋友共享好酒好菜，娛樂身心。

二、**充實**：滿足口腹之慾的同時，也可長進葡萄酒相關知識，或者在朋友的言談中吸收新知。

三、**交流**：餐酒會平台流動著各種有形和無形的資源，人和人之間的情感交流，甚至有可能交流商機。

從這些需求看來，餐酒會勢必會是都會地區日愈普及的休閒方式，甚至會是廠商接觸黃金消費者的平台。

但是對於如何辦餐酒會，顯然缺少一套系統和論述，任何人如果想辦餐酒會，看來也只能摸著石頭過河，邊辦邊學。

試著想想，如果能創造一個大平台，提供各種舉辦餐酒會的相關服務。從打造社群到相關知識與資源的提供，其實也等於為台灣打造了一個強有力的風格產業推動引擎。

點子人筆記

「黃金消費群」

每個產業最重要的行銷工作都是找到「黃金消費群」，也就是市場裡消費力最強的一群人。「餐酒會平台」是鎖定黃金消費群的好方法，在這個平台上活動的族群都擁有「高消費力」、「生活力」和「美學力」這些共同特質。

三意變三億

119

城市旅行家 帶動飯店業創新

"這家來自荷蘭的飯店品牌以全新的思維來經營，策略和行動顯然和傳統飯店不同。並將主力客群設定「城市旅行家」，讓每個經營環節有了不同的結果。"

　　約了藝術家朋友到位於台北車站附近的飯店看他的作品。

　　那張占滿大半牆面的照片高高掛在牆上，他說這幅作品應該是三年前在新加坡被賣掉的。當時行情約 2 萬美元，現在已經漲到 6 萬美元左右。

　　這家飯店在全世界各大城市有 14 家分店，等於擁有 14 家小美術館，裡面的藝術品收藏量已有一定規模。

　　這家飯店 2019 年又要在上海開新分店，如果這樣一家家開下去，飯店在藝術品經紀市場的影響力也一定會愈來愈強。這些藝術品被妥善的安放在 24 小時有空調和保全的環境，又能吸引追求品位的旅人來入住，身價又日日水漲船高，是一舉數得的投資。

城市旅行家擁有高消費力

運用藝術品的精明態度也可以看得出經營思維，這家飯店開幕一年來住房率在七成以上，八成客人來自海外。在零陸客年代，經營成績顯然比許多同業好很多。這幾年來各家飯店住房率持續下跌，一家家求售甚至關門大吉。

這家來自荷蘭的飯店品牌以全新的思維來經營，策略和行動顯然和傳統飯店不同。主力客群設定「城市旅行家」，便也讓每個經營環節有了不同的結果。

城市旅行家是全球航空公司和飯店的衣食父母，由「商務旅人」和「自由行旅人」兩大族群所構成。

這些旅人擁有高消費力，手上提的名牌提包也許身價數萬，卻寧願搭台幣 100 多元的捷運去機場，擁有自己的「聰明消費觀」。

城市旅行家想住五星級飯店，卻只想花三星級飯店的房錢，不需要游泳池和健身房，不需要行李員幫忙提行李，也不需要 24 小時的客房送餐服務。他們對於五星飯店的需求往往只有三個：奢華高級、舒適的店和精華地段。

重新設計 3 個創新方向，提升競爭力

從城市旅行家的核心需求出發，把五星級飯店的成本大幅降低就能提供三星級飯店的房價，這家飯店以三個創新方向來重新設計服務內容，削減了成本並且提升競爭力：

一、人力：260 多個房間只用了 30 多名人力，比同業足足少了一半以上。能如此精簡是因拿掉了登記住房的大廳，讓旅客自助登住進房。同時精簡了組織，讓每個服務人員多工化，從接待到餐飲，飯店內大大小小的工作都能勝任。

二、管理：由荷蘭總部控管所有的資源和工作方法，整個飯店只有一種房型，大幅降低了管理成本，業務來源都是線上訂房，所以行銷重點主打網路口碑。同時把所有的經營積效量化透明化，以儀表版監控的方式來做管理溝通，每周有周報，每月有月報，每季有季報，全球即時同步。

三、科技：從房客訂房之後就由科技來接管所有的服務，從消費的情況到喜好都清清楚楚。在客房內，只要利用一台平版電腦就能操作各項飲食起居服務，甚至掌握所在城市的各種吃喝玩樂旅遊資訊。

這家飯店運用以上三大方向的創新，在十年內成為全世界獲利能力最強的飯店品牌之一，思維和經驗其實與商學院裡長年討論的「藍海策略（Blue Ocean Strategy）」的「ERRC 理論」不謀而合。

　　透過「Eliminate（消除同質性）」、「Reduce（降低同質性）」、「Raise（提升優異性）」和「Create（創造優異性）」這四種行動，其實在各行各業應該都能產生亮眼的創新。

點子人筆記

「移動市民指數」

「移動市民」指的是一個城市短期的外來人口，這些人口也標示著城市的多元性和發展能量。不管是為了觀光旅遊，或是商務會議目的，「移動市民」意味著更多的消費與形象宣傳。

三意變三億

零陸客年代 台灣產業新戰略

"長年以「性價比」為中心的生產和行銷思維如果想要調整，看來需要更具戰略性的翻轉思維。"

　　朋友的米其林飯店正在大興土木，不久之後，這家以米其林餐廳為核心的精品飯店就會在台北開始營業。

　　飯店只有 70 多個房間，和動輒 4 ～ 500 個房間的五星級飯店比起來，顯然優勢不在規模。朋友說，一切以創意和巧思取勝，像飯店從西班牙引進的餐廳連續十幾年都摘到米其林星星，除了是飯店的一大亮點，也定調了飯店的特色。

　　這家飯店想提供的顯然是一種獨特的「台式奢華經驗」，吸納世界各地的奢華餐飲元素，再融合台灣的風土文化，成為兼具在地性和國際性的產品與服務。

「性價比」與「高端消費」之間的思考

這家飯店匯集了來自世界各大飯店的「享樂」經驗，並全天候的提供各種享樂元素，每個樓層都有無限量供應的點心飲料，讓客人一走出房門就能自在的吃吃喝喝，到了晚上還會有侍酒師，到每個樓層帶客人品酒。未來也會與時俱進的增加各種與國際同步流行的服務，像穿戴 VR 設備用餐或室內人造雨都在考量之中。

在陸客愈來愈少來到台灣的「零陸客年代」，朋友的樂觀投資和餐旅市場的現況成了強烈的對比。

從南到北的飯店住房率愈來愈低，經營不下去的旅館紛紛轉手或倒閉，如果短時間內陸客無法回流，台灣的各行各業該如何經營？

「陸客不來已經是結構性的問題，面向未來，台灣的各行各業都該思考自己該服務那些客戶？」一位資深的餐飲業者說。經驗證明，市場景氣再怎麼變化，高端產品所受的影響永遠最小。

「高品質、高價位」應該是台灣產業面向未來的共同戰略，但是在長年依賴大陸的工廠和市場之後，長年以「性價比」為中心的生產和行銷思維如果想要調整，看來需要更具戰略性的翻轉思維。

三意變三億

開放式創新的三個面向思維

　　不管面向內需或外銷市場，台灣都應該海納百川，引進世界第一流的資源。當全球各行各業都已經走到了「開放式創新」的年代，吸納外部資源的能力已經成了競爭力的關鍵，特別是在以下三個面向：

　　一、技術升級面向：各行各業的競爭早已進入全球化，各家廠商的服務和產品的差異化變小，「連結力」於是成為最重要的核心競爭力。如同飯店業者引進米其林餐廳做為核心亮點，再把世界各頂級飯店的產品與服務吸納引用，這樣的情況其實和高科技產業所強調的「動態能耐」是同樣的道理。

　　二、市場發展面向：擺脫大陸市場控制是艱難的挑戰，除了新南向政策，台灣更需要吸引全世界的市場，但是我們顯然沒做好準備。比起香港和新加坡，台灣顯然不是一個對外國人友善的環境，從語言到食衣住行資源，都需要從外國朋友的需要來設計和打造，否則就只能長期依賴大陸的消費者。

　　三、產業發展面向：台灣的產業基礎競爭形態已經完全改變，我們無法和大陸競爭代工製造，更無法和歐美日各國競爭品牌行銷。在這樣的情勢下，只能透過更

多元的合作來快速強化自身的競爭力，不管是透過併購或策略聯盟的做法。

地球有 70 億人口，擁有 15 億人口的中國大陸顯然是台灣產業不能錯過的機會。但是再看到 55 億人的市場，如何經營與開展，可能更值得我們深思與行動，特別是在目前台灣已經走向「零陸客年代」。

點子人筆記

「55 與 15」

如果台灣的觀光產業能對中國之外 55 億人有吸引力，自然也能對大陸的 15 億人有吸引力。從這個角度來看，挑戰其實只有一個，就是毫無選擇的不斷挑戰世界最高水平。

三意變三億

參觀選舉旅行團的狂想曲

"如果能有計畫地利用選舉能量，吸引外來遊客，也拉動國民旅遊，對全台灣經濟會是一記強心針。"

　　朋友邀我中部海邊走走，看看他在那邊度假小屋，也意外的體驗了一個小鎮的選舉風情。這個濱海小鎮有8萬多人口，朋友的表哥是小鎮鎮長的候選人，之前擔任過立委，豐富的從政資歷讓他的選情相當被看好。

　　我們造訪那天正好朋友表哥的競選總部成立，我也全程看見一個鎮長候選人的一天是如何開始的。一走進競選總部，就看見候選人走到門口，備好鮮花、素果與香燭，他表情嚴肅的捧香祭拜過天地，舉起一面大戰旗朝空中飛舞之後，帶著親友往造勢現場聚集。

　　雖然只小鎮的鎮長選舉，規格卻一點也不馬虎，尤其選過立委，該有的資源也都有，大進場音樂、競選主題曲、南北管車陣以及各式各樣的文創小物。這些儀式場面在台北都很難看到了，竟然能在這裡重現，也喚起

腦海中的舊日選舉記憶。這裡甚至有「環保鞭炮」，利
用特殊氣體引爆產生音效，沒有煙塵紙屑，音效確相當
逼真。

當「選舉」變成台灣觀光旅遊資源

　　經歷那次旅行，回到台北後，我開始陸續接到一些
海外媒體友人的來信。這些朋友像候鳥一樣，平時很少
連絡，但是每到選舉年一定會組「觀選團」來台灣，除
了看選舉，也體驗各地的美食美景。

　　讀著這些朋友來信的那一刻，我忽然發現，「選
舉」是台灣相當具吸引力的觀光旅遊資源，不只對海外
觀光客具吸引力，也可以讓我們看見一個平常看不見的
台灣。如果能善用這樣的資源，不只可以活絡全台各地
的在地經濟，也是很好的國家品牌行銷。

　　「台灣是所有華人社會裡，民主制度最成熟的地
方。相形之下，其他的華人地區的民主根本都未成
年。」那些海外媒體友人，總是在每次觀選完之後有感
而發的對我說。

　　台灣選舉開始於 1930 年左右，是世界上選舉經驗
最豐富的社會之一，歷經長久的發展，台灣的選舉發展

出一套自己的文化。特別是 1986 年民進黨成立之後，選舉開始結合各種宣傳行銷資源，台灣選舉也發展成今天這樣有如嘉年華會的節慶，放眼全世界，沒有幾個國家能像台灣把選舉辦得如此有趣而熱鬧。

每一次選舉都是全台灣所有人力、物力資源的總動員，特別是選前最後衝刺的那幾天，從南到北完全陷入強烈的政治激情裡。

這樣的畫面是難得的世界奇觀，在體驗各地選舉氣氛的過程中，自然也可以順便吃吃在地美食，逛逛文史和旅遊景點，見識另一個完全不同的台灣。

利用選舉能量注入經濟強心針

這樣的「觀選旅行團」所能帶來的經濟能量是相當特別的，在地理上可以涵蓋全國，範疇更整合了食衣住行。特別是在這樣的「零陸客年代」，島內的觀光相關產業一天比一天慘，各地餐廳旅館紛紛倒閉歇業。如果能有計畫地利用選舉能量，吸引外來遊客，也拉動國民旅遊，對全台灣經濟會是一記強心針。

到目前為止，全世界還沒有任何一個國家把選舉當成觀光資源。台灣如果能對外強力行銷，邀請海外遊客

來台灣體會絕無僅有的「台式選舉」文化，除了會是亮
眼的國家品牌行銷，也是相當有創意的外交工作。

　　當愈來愈多的外國朋友來參加台灣的「觀選旅遊
團」，也會讓世界更認識台灣。經年累月之後，就會有
更多人知道，Taiwan 和 Tailand 的不同在那裡，也自
然會更清楚，同樣是華人社會，台灣擁有其他地區所沒
有的民主、自由和多元。

點子人筆記

「政治娛樂化」

政治是台灣文化相當特別的一部分，台灣政治人物受媒體關
注的程度在全球各國難得一見。政壇更是不時出現各種匪夷
所思的劇情，台灣政治娛樂化的程度全球謹見。

三意變三億

吸引香港移民 法令要鬆綁

> "香港移民在台灣的人數正在持續增加，放眼未來，如果能提升香港移民的「質」，也可望增加台灣各產業的發展能量。"

　　愈來愈多的香港朋友問我關於移民台灣的事。這些在香港有車有房有專業的菁英，會想移民台灣，有些人考量子女教育，有些人則是為退休生活打算。但是一了解台灣的移民法令相關細節之後，都紛紛打了退堂鼓。

　　從社會長遠發展來看，這些香港菁英應該會對台灣產生相當大的資源及幫助，比起政府這幾年積極推動的「新南向」政策，香港移民來台工作顯然對台灣有更多元的意義。

香港人移民台灣的優勢

　　根據瑞士洛桑國際管理發展學院評比，香港曾經多年被列為全球競爭力排名第一的經濟體。而中國城市競

爭力研究會公布的「中國城市競爭力排行榜」，香港更在兩岸四地 294 座城市中連年蟬聯榜首。

更多香港人移民台灣，也意味著為台灣帶來更多資源，證明台灣在華人城市中的獨特價值，所以一直是香港人移民海外的首選。

香港的朋友們告訴我，根據台灣的移民法令，如果以投資移民方式取得身分，除了必須帶來新台幣 600 萬元以上的資金，一年內居留時間必須超過 11 個月，這顯然是不太可能的事。香港是國際貿易之都，事業有成的白領工作者常常必須在國際各大城市飛來飛去，台灣的移民法令顯然比較適合不用工作的退休族。

提升香港移民的「質」激發台灣發展能量

有一次聽前台積電董事長張忠謀演講，他認為台灣應該積極的發展「香港式」的服務業，把金融、物流、旅遊和工商業支援等服務業提升到國際水準。

和香港比起來，台灣在這些高附加價值服務業的程度顯然有待加強，人是知識的最佳載具，如果想要超越香港，吸收香港人才來台顯然是很有效的方法。

根據 2017 年香港中文大學香港亞太研究所發布的

民調，有四成受訪的香港人有移民打算，而準備移民的港人首選地點就是台灣。

根據內政部移民署統計，自 2012 年起，港澳人士來台居留人數逐年攀升，2012 年有 8,624 人，2016 年有 1 萬 4,376 人，三年成長 66.7%。

過去幾年來，香港的大眾媒體更多次推出「移民台灣」的專題節目。除了反省香港長年偏重地產及金融產業的發展，使香港核心價值及文化流失，也認為年輕一代的香港人移民台灣是給自己一個機會。

台灣社會民主自由物價低，生活環境也比香港舒適，適合子女受教育，要求的投資移民金額比其他國家少。這些台灣的優點，也不斷的鼓舞港人來台移民或居留，在台灣的信義計畫區和西門町，甚至台灣中南部城鄉，都聽得到愈來愈多的香港口音。

從移民的「量」看來，香港移民在台灣的人數正在持續增加，放眼未來，如果能提升香港移民的「質」，也可望增加台灣各產業的發展能量。

讓香港菁英認同台灣，帶來更多局面

香港與台灣一直是關係密切的兩塊土地，自從

1842 年割讓給英國之後，歷經第二次世界大戰和國共戰爭等滄桑劇情，兩個社會之間交織著千絲萬縷的人文脈絡，前總統馬英九和夫人周美青都出生於香港。中國曾經從香港認識世界，世界也曾經從香港認識中國。

今天的香港更在兩岸關係有著獨特的角色，如果能有一套吸收香港菁英的「港英攻略」，讓更多香港菁英認同台灣，這也意味著台灣的各種價值，會對中國大陸產生正面的示範效應，為台灣經濟發展帶來更多機會。

點子人筆記

「台港菁英圈」

這篇文章在報端發表的時候，該沒有人想得到香港會變成今天這樣的局面，當愈來愈多的香港菁英出走，帶走的不只是看得到的金錢，更是香港經歷多年操練而具備的多元專業，這些往往也是台灣所最需要的。

三意變三億

美麗產業商機大，
台灣搶攻前景好

"如果把台灣的「整型」、「抗衰老」和「保健」這三個產業整
合成「大美麗產業」，除了能在國內創造新商機，也能出口外銷
到世界各國。"

　　收到來自伊朗的講學邀請時，執業了 25 年的整型
醫師吳榮有點好奇。他從沒去國這個 8,000 萬人口的中
東國家，也覺得那裡的人和事都充滿神祕感。

台灣專業整型醫療得到國際認同

　　去了伊朗首都德黑蘭之後才發現，一切的軟硬體都
相當的現代化，和台北並沒有太大的落差，人民和善，
社會安全。吳榮這也才發現，像伊朗這樣的國家其實長
期被全世界誤解了。在西方媒體報導下，這個國家給人

封閉又危險的印象，但事實卻不然，伊朗的整形市場也和台灣一樣成長快速。

專精內視鏡拉皮手術的他受邀在一家醫院裡向兩百多位伊朗整型醫師演講，也進行一場手術，並且現場直播讓所有醫師觀看。台灣的整型醫師為伊朗婦女手術，甚至訓練伊朗的整型醫師，除了證明台灣的醫療專業程度得到國際認同，也意味著台灣發展「美麗產業」的大好前景。

根據國際美容整型外科協會的統計資料顯示，去年全球有 2,100 萬人動過整型手術，男性占了大約一成，美國、巴西和韓國排名前三名。台灣是過去十年來整型手術複合成長率最高的國家之一，每 125 人當中，有 1 人曾整型，比例為全球第六，最熱門項目是割雙眼皮。

台灣「美麗產業」完全不輸韓國

韓國是整型人口比率最高的國家，擁有二千多個整型外科醫生，南韓有 20％的人曾動過整型手術。整型甚至為南韓發展出獨家的「整型醫療旅遊產業」，吸引許多外國旅客來整型，也順便放鬆身心享受一番。南韓的整型醫療旅遊產業世界知名，大部分的旅客來自中國

大陸、台灣、日本和俄羅斯。

台灣「美麗產業」完全不輸韓國

吳榮說，整型手術和一般外科手術最大的不同是術前的溝通，更具體的說是為客戶做心理建設，雙方必須對於「美」這件事建立共識，在病人需求和醫師的專業之間找到平衡點。

比如常常有客戶選擇一張不適合自己的臉，整型醫師必須能以專業來說服對方可能的後果。因為每個人的臉孔都會受現有的肌肉與骨骼影響，就像房屋的外在是由內在所造成，如果不順著這樣的脈絡去整型可能很快就會變形。

吳榮認為，台灣的整型醫師在長久的文化風土培育下，技術和溝通能力都已經達到相當的水準，台灣的「美麗產業」有良好的基礎，醫師的程度並不亞於韓國。他自己就教過許多韓國醫師，只要能做好配套和相關工作，台灣應該也能發展出屬於自己的「整型醫療旅遊產業」。但是最重要的是產官學界也看到這樣的機會，因為需要跨業整合許多資源，只要能整合成功，就能產生一加一大於二的綜效。

整型、抗衰老和保健三項整合商機大

更積極地思考，如果把台灣的「整型」、「抗衰老」和「保健」這三個產業整合成「大美麗產業」，除了能在國內創造新商機，也能出口外銷到世界各國。

多年來，台灣在這三個產業累積了不少優勢，如果能串聯起來開發成代表國家品牌的產品，也可能會拉動更多產業的成長，當醫療產業在世界各地殺成一片紅海，台灣也許可以從美麗產業找到屬於自己的藍海。

回顧過去，美麗市場早就是經濟發展的必然，今天的中國，許多女大學生甚至在一畢業之後就去貸款整容，以讓自己在求職時有更好的外表優勢，順利找到理想的工作。

女為悅己者容，當美麗對女人來說是「必要」而不只是「想要」，整型產業在某種意義上也將成為國家指標產業，也是許多女人的重要投資。

點子人筆記

「美力指數」

整型醫學原本研究的是如何挽救外表上先天或後天的缺陷，但是發展到今天卻成為追求美麗的產業，甚至成為一個社會富裕程度的指標。一個國家整型產業發達的程度，往往也標示著這個國家娛樂與相關軟性產業的高度。

三意變三億

從微商、網紅到貴婦學院

"網紅所擁有的一切能力，不管是外表打扮、洞察需求或是溝通技巧，都可以完全轉換成這些女人在愛情戰場上的求生技能。"

　　在電視這一行擔任製作人 20 多年之後，他順應時勢開發了「微商網紅學院」這樣的產品。

　　「微商」是近幾年在中國大陸崛起的新世代生意，指的是利用微信等社群網路平台經營的個人電商，從自己的親友人脈出發，透過網路銷售各種商品。這樣看來小打小鬧的小生意，也許規模無法和傳統電商相提並論，但是聚沙成塔也逐年提升電商市場占有率。

　　看到這樣的趨勢，這位在電視台擔任高階主管的朋友想到了一個一石二鳥的好點子，設計了「微商網紅學院」這樣包含了旅遊和教育訓練的產品。一推出就得到熱烈的反應，30 多位學員很快的就從對岸飛了過來，而且一口氣連來兩個梯次。

微商進修＋電視台資產活化，一石二鳥

全世界傳統電視台都面對了同樣的困境，收視率連年下跌，廣告和業務收入數字持續萎縮，內容製作的質與量自然同步衰退。

這些現象反應到電視台內部，最大的壓力就是經營成本不斷升高。過去電視台全盛時期所建置的設備像攝影棚和數位製作系統都花了不少錢，隨著使用率的降低，這些昨日的資產都成了今天的負債。

開設「微商網紅學院」，除了可以活化電視台內攝影棚這些資產，也可以切中微商族群的痛點。

經營微商的門檻很低，有些人甚至只靠一只手機就在網路開店，所得往往不會比朝九晚五的上班族少，於是也吸引許多年輕人投入這一行。

大陸的微商市場已經走入戰國時代，許多微商為了強化自己的競爭力，乾脆努力轉型成為網紅，把自己變成網紅，就不用看網紅臉色。

和一般網紅所使用的軟硬體配備比起來，電視台使用的資源顯然高級多了，從化妝、造型到表演和直播，都有專業人才服務。而只要五天的訓練，就能讓一個素人學會成為網紅的基本功，剩下來的時間還可以到台灣

三意變三億

141

各地走走玩玩。

　　但是，連續開了幾梯次「微商網紅學院」之後，朋友忽然覺得這生意不能再做下去。

　　主要的原因是他發現自己並沒有掌握到核心資源，所有的招生工作都委託大陸方面的合作夥伴，客源根本無法由他掌握。再加上必須和對方分潤 50％，把台灣這邊的成本扣掉之後根本沒什麼利潤，他只好把這個案子先暫停。

情場如商場，強化競爭力才能抓住人心

　　但是電視台的壓力山大，他又想不出別的方法來因應，幾經苦思之後，只好找高人請教，向一位對中國大陸市場相當了解的培訓顧問求助。

　　高人聽完他的生意經歷之後，只給了三個建議：減少招生人數、提高學費、轉向新市場。

　　「你要把招生對象轉向貴婦，針對企業家身邊的女人辦『貴婦學校』。」高人告訴他，一模一樣的課程，可以收到十倍，甚至百倍的學費。

　　如同這幾年流行於兩岸的宮廷劇一樣，大陸甚至整個華人社會裡永遠不斷重演同樣的劇情 —— 權勢男人身

邊的女人永遠缺乏安全感，總怕自己失寵。這些女人擁有的一切都來自她的男人，需要不斷強化自己的情場競爭力。

而網紅所擁有的一切能力，不管是外表的打扮或、需求洞察或是溝通技巧，都可以完全轉換成這些女人在愛情戰場上的求生技能。

「一切聽來都很合理，但是你如何找到這些貴婦？又如何說服這些女人飛來台灣上課呢？」我很好奇的問他。他笑而不答，那表情像是在告訴我：這是他的營業機密。

點子人筆記

「愛情食物鏈」

男人忙著征服世界，女人忙著征服男人，這樣的劇情該是老天寫在人類的基因裡。所以女人最重要的功課看來就是征服男人，那也等於征服了世界。

三意變三億

直播電商將改變零售生態

"以培育網紅來催生核心內容，好聚集群眾打造社群，這些土生土長的直播電商經驗，或許也極可能是改變電商世界的一場有趣實驗。"

　　1996 年對全球零售業是關鍵性的一年，這一年貝佐斯創辦了亞馬遜書店。從開辦的第一天開始，他就說自己賣的不會只是書，而是要把地球上所有的零售生意搬到網路上。

　　目前看起來，亞馬遜真的已經改變零售業，除了一一消滅或重創美國零售業巨人，也馬上就要讓美國三百多萬收銀員失業，因為電商世界不需要收銀員。截至 2018 年 9 月 4 日的調查，亞馬遜的市值超過 1 兆美元，在這之前，人類沒有任何一個零售通路品牌超過這個身價。

　　目前的亞馬遜看來好像站在頂峰的巨人，普天之下皆為王土，但是過去幾年來，這家公司一直有個關鍵性

的創新沒有完成。

　　回顧歷史，在美國還有世界上許多國家的電視購物一直是最大的零售平台之一，這個市場雖然在萎縮中，卻仍然吸引人。

　　以台灣來說，500 萬收視戶每年創造 200 億元台幣的交易，沒有任何一家電商能忽視這些數字。

世界最大電商與電視購物的戰火

　　把電視購物和電商結合，讓電視和網路這兩個世界的人口統一成單一市場，這件事亞馬遜努力了很久，卻一直沒有成功。2016 年，亞馬遜推出「風格密碼現場（Style Code Live）」直播電商節目，鎖定美國最大電視購物公司 QVC 等前輩巨頭下戰帖。

　　這場戰爭只進行了一年，2017 年就喊停，儘管它是人類有史以來第一個利用網路和 App 直播來進行零售的服務。

　　亞馬遜挑戰電視購物的實驗失敗了，但是直播電商的戰火卻沒有平息，反而成了 21 世紀電商最重要的戰場。社群網路和 AI 都成了這場戰局的重量級軍火，只要是數位世界的物種沒有一個能成為局外人。

三意變三億

直播電商的市場其實已經在台灣發展了幾年，有些成績甚至是全球電商沒出現過的，像「阿榮嚴選」直播電商一年可以賣出 3,800 噸挪威鯖魚，占了全台灣超過二分之一的市場。

　　這個平台結合了電子商務和電視購物經營模式，以節目內容和網路社群為骨幹，利用晚上時段直播叫賣各種商品，從食品到旅遊行程，甚至汽車都介紹。有些商品在網路上賣，有些直是幫忙做宣傳賺廣告費，看來像是一個媒體、電視直播和電子商務的混血平台。

　　創辦「阿榮嚴選」的是知名的電視劇演員陳昭榮，他從 2005 年開始投入網路事業，2016 年電商和直播市場同步大爆發，他開始經營直播電商，把網紅經紀、電商、電視購物、影音平台等服務整合在一起。再自行開發直播互動攝影棚，融合娛樂、購物、產品知識分享和即時互動服務製作直播互動購物實境秀。

　　陳昭榮的意圖顯然不只想改變人類的零售生意，以「阿榮嚴選」目前的經營的模式看來，他甚至在設計新一代的網紅經紀和媒體產業。

　　目前網路市場的直播節目雖然遍地開花，各種平台提供五花八門的內容，但是影音品質大都水平很低，自然也難以達到吸引眼球停留和銷售的目的。

掌握每個會員最細節的需求是贏家

「未來5年，我們將持續擴增超過100個直播互動攝影棚，擴大直播頻道至八個產業、100個主播特色單元節目。」陳昭榮說，直播互動節目內容會涵蓋民生消費、時尚精品、親子、運動休閒、旅遊、生活內容，提供品質比美專業電視台的節目。目前10萬個會員將是這個事業發展最結實的基礎，和電視購物最大的不同是，他能掌握每個會員最細節的需求。

不到20人的團隊，造價不到電視台十分之一的數位直播攝影棚，以培育網紅來催生核心內容以聚眾打造社群，這些土生土長的直播電商經驗，或許也極可能是改變電商世界的一場有趣實驗。

點子人筆記

「衝動商機」

有感動才有行動，衝動往往能帶來更能烈快速的行動，電視購物取代賣場，電子商務取代電視購物，直播購物成為電商世界的強勢物種。這背後的動力都是「衝動」這兩個字，難怪會有「買到剁手指」這樣的玩笑話出現。

三意變三億

尋找藍海的創新流程

" 《航向藍海》用了許多篇幅介紹如何導入藍海策略,像是一本藍海教科書。這是過去許多策略理論所沒有的局面。"

　　受邀擔任這家企業的創新顧問一段時間了,在每周一次的創新會議裡,除了和高階主管們討論各項創新專案,我也會把自己每周讀的新書摘成 15 分鐘的小演講,替這些繁忙的企業人讀書。幾個星期前,我介紹了《航向藍海》這本書,反應相當熱烈。也才知道這家公司從 13 年前就開始導入「藍海策略」的創新工具,主管們對於相關的理論和案例都還有些印象。

　　《航向藍海》是《藍海策略》的續集,《藍海策略》在 2005 年出版之後,「紅海競爭」與「藍海競爭」開始成了全球性的概念用詞。只要是競爭激烈的場域就會被稱為「紅海」,相反的,如果開擴了一個無人競爭的創新市場,這樣的唯一和第一就會被說是創造了「藍海」。經過 13 年的發展,這套策略管理論敘已成了商業世界的顯學,在全世界被翻成 46 種語言賣出

360 萬本，還針對不同市場發展出眾多藍海學產品。

從網路上的自學課程（每年收費 299 美元），到為期三天的藍海實體課程（每期每人收費 2,850 美元），各式各樣的相關軟硬體服務在世界各地提供。今天的藍海策略已經把自己發展成另一項藍海產品，在世界各地開枝散葉。最近出版的《航向藍海》，更是用了許多篇幅介紹如何導入藍海策略，像是一本藍海課程的教科書。這是過去許多策略理論所沒有發展出來的局面，把看來深奧的學術理論轉化成人人可懂可用的產品。

為本土化企業量身訂作「創新工作坊」

向大家介紹過《航向藍海》之後，我為這家企業量身訂作一套「創新工作坊」，除了藍海策略，也融合更多創新工具，主要考量三個重點：

一、**智財權**：藍海策略的知識產品有自己的品牌和授權方式，我的課程是自己發展的客製化產品，並沒有使用藍海的品牌和教材，是因為藍海策略也許很流行，但我也希望能分享更多創新理論來對比互補。

二、**適用性**：藍海策略適用於國際級的大企業，對於中小企業並不是那麼適合。尤其絕大多數高階主管並

三意變三億

149

無商學院背景，很難依照書裡所說的內容來進行。

三、實用性：藍海策略的規畫和執行通常以半年為周期，動輒要十幾位高階主管長期合作。中小企業運作講究速度和低成本，更重要的是能在最短時間內看到成果，課程如果沒辦法儘快有具體產出就會很傷士氣。

把這些想法和總經理討論之後，根據公司的風土文化設計了這樣每周一次的創新時間。以原來「創新會議」的成員為基礎，加入更多部門的主管來形成一個更大規模的「學習型組織」，用對話沙龍的方式來進行，期待建構一個輕鬆有趣又有創新能量的下午茶聚會。

同時為了深化每個人的參與感，我規畫由主管擔任值星，每周開場先做短講分享品牌故事，並使用各種創新工具來動腦共創，每周追蹤創新專案執行進度，最後我再短講新書精華。這樣的設計，除了希望不造成這些企業人太大的負擔，也能為本土企業打造一套屬於台灣企業自己的創新流程，讓創新像呼吸一般的自然。

點子人筆記

「態度與高度」

追求新知是企業最重要的文化，知識是創新的燃料，只有不斷的吸收新知才能持續創新。藍海策略所強調的「價值創新」，就是一種態度，也是一種高度。

【三意生活13】╱ **用讀書改變企業未來，迎接多變知識經濟**

見識讀書會帶來企業革命力量

"用讀書來更新知識系統已經成了兩岸企業人的共識。"

在一個機緣認識了「書粉聯盟」讀書社群創辦人林揚程，透過專家主導的讀書會將知識轉移到社群學習，達到線上及線下都可以交流分享的學習趨勢，其實已經發生。不管在台北、北京還是上海，愈來愈多的企業正利用讀書改變自己的未來，這場革命已不再是想像了！

過去十幾年來，他來往兩岸經營自己的培訓事業同時，也在企業推動讀書會，經歷了許多他從來沒想過的場面。

像那家知名的科技大廠找到他，要他幫忙辦一場讀書會。他以為就是像過去那樣，在企業內集合幾位愛讀書的人，由他來帶領分享交流讀書心得。

雙方開過幾次會之後才知道，這場讀書會參與的人數高達 1.3 萬人，而且由執行長帶頭，所有人一起花了 13 個月讀完一本企管經典，目的是要為這家企業植入

三意變三億

新的工作文化。辦完這場漫長的讀書會之後,這家公司的生產效能整整提高了 20%。

不斷更新知識系統才能跟上時代腳步

那之後,林揚程陸續接到類似的邀約,顯然這些企業都把讀書會當成了改造自身靈魂的手段,透過全員共讀一本書來凝聚共識和思想交流。生存和發展是企業最大的道德,這些企業投入龐大的資源開讀書會,當然精算過背後的投資報酬率。

每個月從北京或上海飛回台灣的那天早上,他會傳一張書單給助理,助理上網下單,那個下午他就會帶著那 30 幾本書飛回台灣。今天,兩岸讀書會的業務也慢慢的成了他的工作重心。

「用讀書來更新知識系統已經成了兩岸企業人的共識。」他說,人類正處於知識更新速度最快的年代,經濟形態不斷的翻新,從農業、工業、商業社會一路發展到資訊經濟、知識經濟,甚至創意經濟,企業人必須不斷的為自己的腦子補血。

他以過去 20 年來網路產業所帶動的變革來說明:一個企業如果不想辦法更新自己的知識系統,怎麼跟得

上產業變化的腳步？因此讀書是成本最低也最有效的策略投資。

讀書會 4 階段改造自身知識

他說，企業利用讀書會來改造自身可分為「R、S、C、N」四個階段：

一、深讀（Reading）：根據企業需要，慎選一本好書，再有系統的規畫讀書方式，從組織分工到章節進度，一步步的確認所有同仁都能紮實的吸收到一本書的內容。

二、分享（Sharing）：設計活動讓同仁交流讀書心得，同樣一本書，在不同的人的眼中會看到不同的重點，分享和交流可以讓一本書被吸收的更完整。

三、創造（Creation）：根據每個單位業務需要，把書裡的知識轉化成對公司有價值的思考與行動。甚至設定目標，讓書裡的知識能具體的產生貢獻，也讓同仁更感受到讀書會的價值。

四、連結（Networking）：把讀書會更進一步的向企業內部和外部連結，帶動更多同仁來讀書，也利用書為媒介吸納外部更多的資訊與知識，在不斷連結的過

程中讓企業不斷成長。

　　回顧過去的讀書會經驗，林楊程認為，企業要辦好讀書會，可掌握三個重點：首先，由 CEO 背書，讓 CEO 每次讀書會都坐在第一排，宣示對讀書會的重視。接著是種子布建，在各單位安排一些好學的讀書種子，激勵同仁讀書。第三則是先讀容易的書，以培養讀書的信心和興趣。

點子人筆記

「成長競爭力」

不管個人或企業，除了要強調競爭力，更要時時提升「成長競爭力」，除了比現在更要比未來，成長競爭力不足，未來的競爭力自然不足。而讀書則是成長競爭力的基礎工程，不斷更新知識系統。

【三意生活14】／ 參考國外集體共創經驗，轉化推動社會創新力量
世界咖啡與台灣巧克力

"「世界咖啡館」在過去20多年來一直在世界各地受到歡迎，全球五百大公司和許多國家政府都使用這套方法來創新。"

　　還不到40歲，他已經不需要工作，過著財務完全自由的日子。當同年齡的人還在和房貸、車貸搏鬥，他卻苦思人生該何去何從。

　　他之所以可以不用為錢傷神，原因竟然是因為從小活得太困頓，讀大學的時候還曾經窮到沒錢吃飯。想盡了賺錢的辦法，最後終於找到賣二手電腦的路子，收購別人不要的電腦，整理好之後再轉手出去。這樣的辛苦錢一毛一毛的存，竟然可以讓他有能力買房子。

　　他把房子租出去，讓房客幫他付貸款，就這樣買了幾棟房子之後，就不用工作了。

三意變三億

155

當開展生活領域成為白領菁英的主流

但是黑髮退休的日子過久了，卻讓他空虛，也警覺到一個人口袋再滿，腦袋絕對不能空。

於是開始在網路上找人見面聚會，試著聚合著一些能一起對話思考的人，什麼話題都談，這樣的想法竟然引起不少人響應，半年下來，每次聚會已經有逾 80 人出席。

他開始意識到自己需要更多的資源來發展這個聚會，多找些人幫忙，也多聽些想法。

在朋友的引薦下，我也參加了他辦的聚會，和 80 多位平均年齡 30 多歲的青壯年人一起對話，感受到青壯年族群對人生的焦慮。

兩個半小時的活動裡，有演講，也有分組討論，絕大部分的人都是第一次見面。我分到的小組裡有不少在高科技產業工作的宅男，參加這活動的理由竟然都是想認識不一樣生活水域的人。

因為工作的關係，這些科技人幾乎無法認識辦公室之外的人。這些需求也點醒我，在網路時代，社會也許看來開放多元，但是大部分的人卻是愈活愈封閉，開展生活領域成了城市白領菁英的主流需求。

經歷了這次的聚會，我也更明白主辦人的壓力，習慣了虛擬接觸的生活之後，人和人之間見面的成本相當高，如果不能把這股力量引導到合宜的方向，就無法讓這樣的聚會永續下去。

　　我和他分享一些自己的觀察，建議他可以參考國外各種集體共創的經驗，透過有系統的安排，把他所辦聚會轉化成推動社會創新的力量。

以世界咖啡館為例，推動社會創新的力量

　　1995 年，美國學者 Juanita Brown 和 David Isaacs 共同發展出新型態的集體智慧匯集方式，這種方式被稱為「世界咖啡館（The World Cafe）」。

　　「世界咖啡館」在過去 20 多年來一直在世界各地受到歡迎，全球五百大公司和許多國家政府都使用這套方法來創新。採用咖啡桌的型式分組，解構各種大型座談會的限制，四到五人坐成一桌，邀請來自不同領域的朋友對談。

　　每一桌在簡單的自我介紹後，各選出一位桌長及紀錄，各組討論過後，桌長保持不動，其他組員移動到其他桌，由另一桌的桌長分享前一輪的討論成果，並以這

些基礎帶領大家進行更深入的討論。

　　這樣一桌桌的遊歷並且分享之前每一組人留下的智慧，有如喝著環遊世界的咖啡。

　　和他分享過「世界咖啡館」的經驗之後，我又陸續與不少和他年齡相仿的朋友談過，更確定這些朋友的共同需求是台灣很大的一股能量。

　　他們都受過良好的教育，也在職場上有一定的閱歷，儘管人生充滿壓力，也仍然渴望為自己生命做些有意義的事。

　　「為何不以世界咖啡館的方法，來為台灣建構一個社會創新的平台？聚合大家的點子和創意讓台灣成為一個更好的社會？」我說，也許假以時日之後，我們能發展出比世界咖啡更有創意的「台灣巧克力」，為世界打造一個全新品種的創新平台。

點子人筆記

「知識力場」

凝聚眾人智慧一直是每個組織創新工作的必修課，組織內知識的流動除了原有的知識管理系統，更重要的是建構「知識場」，讓所有的知識能在個人和團體自由靈活的流動。

【三意生活15】／ **分享情感與智慧，無價！**

為自己的人生寫本書

"書寫人生，最難計價的部分應該是，把自己的名字永遠留在世界上這件事到底值多少錢？"

我出版過幾本書，於是常常有人會問我：「該怎麼才能寫出一本書？」。

我於是順勢推出「出版經紀人」這樣的產品，和出版社朋友共同設計一套合作模式，從寫作技巧到出版門道的一條龍式服務，讓每個人都能順利的寫出一本書。我的角色就像星探、教練和經紀人的綜合體，創造明星，也為讓明星創造出更多價值。

這樣的服務其實在多年前就已經發展完成，只是一直沒有太用力推廣。經驗告訴我，寫作和出版這些事，其實都沒有太高的技術門檻，知道不難，難的是做到。

「我看你十年後還是一個字都寫不出來。」跟一位朋友講了半天寫作技巧之後，我刻意當著他老婆和好友的面補上這一句，希望能給他些刺激和壓力。

三意變三億

159

我說，他只要每天睡前寫 500 字，三個月就能幫自己的人生寫出一本 6 萬多字的書。這樣看來簡單的事，地球上卻有 99.999％的人做不到，我曾經和許多朋友分享寫書經驗，這些人十幾年來一個字都寫不出來。

為自己書寫的三個理由

「為什麼要幫自己人生寫本書？」我的話好像對這位朋友開始有些作用，他反問我。

我說，這件事可以有無數的理由，但是對每個人來說，至少有三個理由不寫不行。

第一是為自己而寫：把自己人生所經歷的高高低低與成功失敗寫下來，如同寫本在人生大海的航海紀錄給自己。

第二是為大眾而寫：把種種生命經驗和更多人分享，除了造福大眾，萬一寫出名堂來還能名利雙收，也許很可能就這樣開發了天分寫成專業作家。

第三是為後世而寫：人生總會過去，如果將活過的故事寫下來，也可以給未來的子孫留下一些考證資料，而不只是祖譜上的一個名字。

聽完我這樣分析，朋友馬上問我：有什麼辦法讓他

寫成一本書，並且順利出版？

「很簡單，從每天寫 500 字做起。」我還要他當著老婆和好友的面答應這件事，愛面子的他果然豪氣干雲的保證自己會做到。

這樣的激將法顯然產生了效果，他從那天答應之後，果然每天寫一篇人生回憶，而且愈寫愈順，有時一篇還寫到上千字。每天收到他傳來的文章之後，我就針對文章的細節和結構給些建議，看來他很快就能累積出足夠出書的稿量，我也開始和出版社談出書的事，同步扮演「寫作教練」和「出版經紀人」的角色。

用寫作，改變了人生下半場

從每天收到的文字裡，我也分享了他豐富的情感與智慧。更開心的是覺得自己做了一件很棒的事，古今中外聖賢努力追求立德、立功、立言這三不朽，在網路資訊時代，任何人都可以過透過書寫和出版把活過的一生留下來。

寫作生活改變了這位朋友的人生，原本的平淡日子開始有了更多色彩，他也更發現咀嚼自己的人生竟然如此有趣。

某天和一群朋友聚餐時，他得意的亮出手機，把寫出來的文字和大家分享，並且客氣的向我道謝，說我這一套訓練方法讓他受益不少。

　　「我也一直想幫自己寫本書，我的人生有很多故事可以寫，您這樣的顧問服務怎麼收費？」坐在我身邊的一位女企業家問我。聽完我的報價之後，她開始用商人的典型反應方式，詢問合作細節和評估 CP 值與投資報酬率。

　　「最難計價的部分應該是，把自己的名字永遠留在世界上這件事到底值多少錢？」我對她說。

點子人筆記

「文字的力量」

文字是最古老也最不退流行的溝通方式，是所有媒體的根本，也是理解一個人思想品質的最好依據，書寫自己人生也像是把自己的思想永遠留在這世界上。

【三意生活16】／重新思考台灣產業價值的新起點

兩岸產業合作，
找到台灣新價值

"如果有好團隊在台灣把品牌做起來，就可以和大陸方面的資本與生產技術完美結合，台灣在產品設計和創意方面一直有相當好的研發能量。"

　　春節前夕，上海的朋友來台北商務旅行，我們約在永康街吃晚餐。這是他第一次來台灣，目的是為了年後一些事業新布局探路。

　　我好奇他看到什麼特別的機會？也許可以提供給台灣各產業的朋友參考，在新年開工之後，對自己的事業有些不同的思考。

從合作到合資，將雙方利益極大化

　　他於是分享了一些我從沒聽過的經驗想法。這也才

三意變三億

163

發現，在大陸朋友眼中，台灣其實一直有某些相當獨特的戰略價值。

他說：「我們在上海商場裡有店面，想找些在大陸有知名度的台灣品牌擺進去。」本來是經營零售生意的店門，也可當成是樣本間，有機會接到來自世界各地的訂單，而他所圖的當然是這些訂單所需要的產品。

但是他最終的目的，是希望能向台灣原廠拿下代工生產的委託權，甚至可以入股原廠，逐步把雙方的利益極大化。

如果條件談得來，他也希望能找到合適的對象在台灣成立合資公司，先把台灣市場經營起來，之後再打回大陸市場。

他說，從商業到演藝市場，這樣的成功案例都不少見，許多藝人和產品都是在台灣走紅之後被引進大陸。

本來以為，他這些計畫都只在想像階段，他卻邊說邊拿出型錄和樣品一一解說。原來他所提的那些想法都不是未來式，而是現在進行式。

從國外紅回大陸的品牌經驗

過去十幾年來，他在地球上空飛了好幾圈找訂單，

也在大陸飛了好幾圈找生產工廠，更曾經在英國創了自己的品牌，再把這個品牌引進中國，用國外品牌的高度來建構優質形象。

從英國開始經營品牌，其實是為了經營大陸市場，利用國外品牌的高度，除了順利進入了中國的線上線下通路，也成功拿到許多國際大活動的訂單，這個英國品牌所生產的每一件產品，都是百分之百的中國貨。

有了這些經驗，這位上海朋友很自然會想移來台灣複製，他認為這樣的合作可以共創雙贏。

如果有好團隊在台灣把品牌做起來，就可以和大陸方面的資本與生產技術完美結合，他覺得台灣可以在產品的設計和創意提供相當好的研發能量。

聽完他的想法之後，我忽然覺得這是重新思考台灣產業價值的新起點。

一直以來，產官學各界在思考台灣產業轉型的選項無非都是在「代工」和「自創品牌」之間二選一。於是長年下來就走入死胡同，品牌做不起來，代工也在大陸和東南亞國家的競爭下失去優勢。

這位上海朋友分享的經驗，除了可以發展出兩岸產業合作的新戰略方向，也可以讓台灣產業界在新春時節思考另一個全新的可能。

定位為品牌培育和研發中心的可能性

日本知名成衣品牌 Uniqlo 創辦於 1963 年卻一直名不見經傳，卻在 1991 年開始崛起，利用中國大陸強大的代工製造能量，一躍成為全球成衣霸主，同樣的故事有沒有可能在台灣實現？其實新強勢產業的躍出，不只改寫了日本市場的遊戲規則，也為日本企業發展出全新的經營戰略思維。

以日本的品牌、品質和管理進軍全世界市場，儘管到今天還有八成的產品來自中國，Uniqlo 仍然在全球不斷攻城略地。如果當年這家公司沒有技巧地「力用中國」，不可能有今天的局面。

同樣的，台灣如果能利用自身在大陸的品牌價值，如同那位上海朋友所分享的思維，把自己定位為品牌培育和研發中心，再交由中國大陸生產及銷售，就如同在台灣培育一位設計明星之後，再紅回對岸，可能是相當值得投資和期待的未來。

點子人筆記

「人文落差」

外國的月亮比較圓，同樣的商品如果來自人文水準較高的社會，市場自然會給予較高的價值想像。早年台灣哈日，近年哈韓，在大陸，台灣也一直是個人文水準較高的品牌。

第四部 ✕ 三意文創

面對台灣城鄉發展不均、高齡化、少子化，

及地方發展停滯等問題，

如何透過設計文創及地方創生

為地方發展或黃昏產業帶來一盞明燈？

文化雪隧，帶動地方創生

> "當少子化和人口高齡化成為不可逆的全球趨勢，日本經驗證明，透過有系統與持續引進藝文資源，可為地方帶來更多的生命力，值得台灣借鏡。"

那個下午，我和攝影家鍾永和走進宜蘭礁溪一家私人美術館，和美術館主人討論各項合作細節。幾個月後，在這棟極富安藤忠雄風格的建築裡，鍾永和將在這裡舉辦攝影展，我也再次擔任了他的策展人。

兩年前，我曾經為他規畫了在歷史博物館的 60 歲特展，對於這一次他回到宜蘭家鄉展出，我有了些新的想法。

「宜蘭不缺一場攝影展，需要的是一條『文化雪隧』。」我建議，透過這一次的策展，把他豐沛的藝文圈人脈引進宜蘭，也把宜蘭的美好分享給更多人，有如建構一條看不見的雪山隧道。

鍾永和 40 年前離開家鄉宜蘭，遊歷世界經歷了漫

長的創作人生，作品已經被多家國內外美術館收藏。多
年來，他所拍下的 40 多萬張底片是集珍貴的台灣社會
集體記憶，正可以當成建構文化雪隧的最佳建材。

　　我建議鐘永和，這次攝影展除了展出那些已經消失
的宜蘭，也再邀請他的幾位知名藝術家朋友來協助，把
這次活動當成一個起點，帶動更多藝文資源進入宜蘭，
帶動宜蘭各個產業的發展。

他山之石可以攻錯

　　這個構想，其實和過去幾年來在日本興起的「地方
創生」活動是同樣的思維，都是希望為各地方鄉鎮注入
資源和能量，同步提升生活、文化和產業品質。這樣的
概念如果能在宜蘭落實出初步成果，也可以拷貝到台灣
更多地方來放大格局。

　　「越後妻有大地藝術祭（Echigo-Tsumari Art
Triennale）」是日本最知名的地方創生活動之一，也
是日本大地藝術季始祖。從 2000 年每三年舉辦一次，
2018 年正式邁入第七屆，這次藝術季共有近 380 件作
品，橫跨 44 個國家和地區，其中有這些作品分布在和
東京都差不多大的場域裡，在以米、梯田為名的新潟

舉行。透過藝術來探討人與自然的關係，2018 年也以「人類就在自然之中」為主題，參觀人數超過 50 萬人，直接為全日本和當地的文創與旅遊產業加分，其中也有許多來自台灣的遊客。

　　日本經驗證明，透過有系統與持續引進藝文資源，可為地方帶來更多的生命力。也許各種資源都遠不如城市，卻能因為創生的過程活得更精彩。當少子化和人口高齡化成為不可逆的全球趨勢，台灣絕對需要借鏡這樣的作法來面對未來。

開放式創新的三個執行構想

　　在這樣藝文創生的活動裡，採用的是「導流」、「匯流」和「回流」的資源流動策略，本質是一種「開放式創新」，這樣的架構可套用到台灣各縣市鄉鎮，這三項工作的執行構想分別是：

　　一、**導流**：創造可以為縣市鄉鎮導入外部藝文資源的事件或項目，如邀請出身於本地的知名藝術家返鄉舉行特展，並且利用藝術家的人脈把更多藝術家帶進地方來創造活動的亮度和高度。

　　二、**匯流**：引進本地藝文資源和活動產生更多交

流，例如透過講座和在地藝術家合作工作坊，創造更多的地方藝文亮點，甚至將這些資源更進一步的融入地方的文創和餐飲產業，帶來更多的創新。

三、回流：透過導流和匯流兩個階段的工作之後，讓相關成果更進一步的在地方擴散，也把這些創生所培育出來的產品導入全國甚至海外市場。除了可以創造出更多產值，也是創生活動最好的行銷宣傳。

在多次和宜蘭在地的意見領袖分享之後，這次「文化雪隧」活動得到愈來愈多的支持，期待這樣的開始能遍地開花，為台灣的藝文創生走出一條屬於自己的路。

點子人筆記

「文化強國」

在這裡，「強」這個字是動詞也是形容詞，指的是用文化來強大台灣，也讓台灣成為文化強國。在推動「文化雪隧」這樣的理想過程中，宜蘭縣長林姿妙和宜蘭縣政府文化局長宋隆全一直給予許多支持和協助，甚至公開強調宜蘭是「文化立縣」，文化是宜蘭最重要的縣政工作之一。

三意變三億

展現「鄉城美力」活化地方生命力

> "一個地方的人民如果不知道自己的特殊性，如何能營造出自己的社區特色？而藝術家則是最能表現地方美學的一群人。"

　　在宜蘭美術館看完了藍蔭鼎和楊英風的聯展之後，我馬上修改了策展論述，把三個人的作品融合在一起做詮釋。同時也以「宜蘭美力」為主題，請知名藝術家林正仁談宜蘭美學的特殊性。

　　把整個宜蘭當成展場，也把兩位大師的展覽和攝影家鐘永和的展覽串聯在一起規畫，從歷史與土地記憶來呈現這個地方的「美力」。再加上原先「文化雪隧」計畫所連結文創與餐飲資源，一股全新的旅遊產業能量正在慢慢被創造出來。

　　對一個策展人來說，這樣的巧合簡直是天上掉下來的機會。本來只是在礁溪的私人美術館策畫了一場攝影

展，展期竟然與兩位宜蘭指標藝術家的聯展重疊。三位生於不同年代的藝術家的作品，又都不約而同的呈現了那個已經消失的宜蘭。

從時間、空間和作品型態的軸線，三位藝術家聯手再現了一個已經消失的宜蘭。生於 1903 年的藍蔭鼎、生於 1926 年的楊英風以及生於 1956 年的鐘永和，這三位出身宜蘭的藝術家都專注於描繪宜蘭的農業時代，那甚至是台灣每個鄉城發展的最原型。

鄉城是呈現地方美學最好的平台

「鄉城」是台灣社會結構的基礎，幾乎每個地方都是從農業時代的鄉村發展出或大或小的都會型區域。發展到今天，像宜蘭這樣都市和鄉村共生共榮的狀態，也是台灣許多鄉鎮的情況。幾乎每個「鄉」裡都有個「城（或鎮）」，而這個「鄉城」往往也是地區的政經文化核心。

這次的策展經驗讓我明白，鄉城是呈現地方美學最好的平台。就像藍蔭鼎、楊英風、鐘永和的作品都在國家畫廊展出過，但是擺在宜蘭美術館，卻能呈現出和故鄉連結出的深刻情感。藝術家對於生養自己的土地永遠

有一份獨特的愛戀，這也是台灣美學的最基礎，如果能讓本地出身的傑出藝術家持續為故鄉增加文化能量，持續且全面的發展，自然就能建構出國家美學的新容顏。

311 核變的幾年後到日本福島旅行，我看見福島車站前面有一座彈鋼琴的音樂家雕像。那是福島的國寶級音樂家古關裕而，他譜寫過 1964 年東京奧運的進行曲和甲子園棒球賽主題曲。回想起來，那也像是一場永遠不會結束的展覽，標示著福島地方美學的特殊性。在日本許多地方，也都把在地指標藝文大家當成最重要的文化資產，不斷的以各種方式來論述策展。隨著時空推移，這些藝文資產也生長出更深遠的能量。

結合藝術家力量表現地方美學

這顯然是台灣還沒發展的文化戰略，1994 年，文建會提出「社區總體營造」的主張。以「建立社區文化、凝聚社區共識、建構社區生命共同體」的概念，做為文化行政的新思維與政策作為主要目標。這樣的想法還整合了「人、文、地、景、產」五大社區資源來發展推動，但是發展到今天，每個地區的城市人文景觀看來卻都是大同小異。

一個地方的人民如果不知道自己的特殊性，如何能營造出自己的社區特色？而藝術家則是最能表現地方美學的一群人。有趣的是，這些藝術家往往要走出家鄉才能吸收更多生命養分以創造更大成就，古今中外，幾乎沒有一位藝術家是一輩子待在自己家鄉而功成名就的。

　　讓藝術家回到故鄉，用作品說他數十年來的漂泊與滄桑，那永遠是每個地方最珍貴的文化資產。這次的宜蘭策展經驗，也像是一次「鄉城美力」的啟蒙，台灣這片土地顯然有太多精彩等待著我們。

點子人筆記

「人的紋理」

說文解字把「文」這個字用「紋」這個字來解讀，認為文化就是人類在世界上所活過的紋路，這些紋路經過歲月的洗鍊之後，能一直流傳下來的都最具穿透力也最感人。

三意變三億

當地方藝文資源變成一門生意

"利用市場的力量去轉化出地方的藝術文化能量,也讓地方的藝文資源轉化成高附加價值的藝術商品,同時帶來人潮與錢潮。"

　　4月的陽光午后,我再一次穿越雪山隧道。打從2006年通車到今天,曾經無數次往來雪隧,卻沒有一次像今天這樣興奮。

　　雪隧的另一頭,是宜蘭縣政府文化局長宋隆全和宜蘭縣各藝文協會的理事長們。我們將聚在文化局的會議室裡,以「文化雪隧」為主題,對話宜蘭藝術市場未來的種種可能,也探討發展藝術市場來推動地方創生。

　　這一次聚會源起於上次,我和攝影家鐘永和合作舉辦了「尋路。宜蘭再現攝影展」。在策展序裡,我談到了打造「文化雪隧」的理想,建構一個交流平台,將世界各地的頂尖藝文資源帶進宜蘭,也把宜蘭的美好帶給全世界。

　　攝影展開展之後,這樣的理念開始隨著活動的進行

被討論和關注著，促成了這次的文化雪隧座談會。

文化藝術商業化是社會富裕成熟指標

這場座談會除了討論文化雪隧，也像是某種意義上的實踐文化雪隧的理想，我們希望這場對話能對宜蘭藝文市場的發展有所幫助，甚至成為某些行動的起點。這樣的想法也得到敦煌畫廊的主人賴志明先生的支持，他在藝術經紀市場擁有 30 多年的經驗，長年經手于右任、溥心畬、余承堯、歐豪年等大師級名家作品。

賴志明同時也是青田藝文聚落的主人，以一己之力在台北市青田街整修了四棟日式老屋，並且讓這些老屋化身為藝文空間。他特別把這些寶貴的經驗帶到宜蘭，並且和宜蘭的朋友討論藝術市場該如何發展。

「現在是台灣藝術市場最成熟的年代，宜蘭同時具備了發展藝術市場的天時、地利與人和。」賴志明認為，文化藝術商業是社會富裕成熟的指標，台灣的收藏家從早年收藏一張台幣 8,000 元的複製畫走到今天擁有全球影響力，開始回過頭來關注台灣本土的藝術作品是很自然的事。

賴志明指出，雪隧通車之後，宜蘭不斷累積著各種

能量，在地藝文資源的厚實和與台北各項交流的頻繁，培育出發展藝術產業的絕佳風土。

再加上過去幾年來全台大大小小的藝術交易活動百花齊放，宜蘭如果能利用這個時機，成為台灣東部第一個舉辦大型藝術市場活動的縣市，相信也能帶動整個台灣東部來發展藝術市場。

整合宜蘭資源的三個面向推動

在聆聽完台北和宜蘭藝文界意見領袖們的想法之後，宋隆全認為，文化雪隧的理念除了引發各種意見交流，也更清楚的看到一些資源和機會，這些都是本來宜蘭自身就擁有的，可以透過以下三種方向來推進：

一、**軟硬整合**：讓宜蘭藝術家的作品能更有系統地被整理，並且活用宜蘭各大文化場館做更有效的展出，持續培養藝術交易市場風土。

二、**異業整合**：讓宜蘭的藝文資源融入各產業和活動之中，比如宜蘭知名的年度活動像「國際童玩節」和「綠色博覽會」都是展現藝術能量的好舞台。

三、**系統整合**：從小學的美術教育出發，加強扎根工作，並且一路從教育體系到產業體系都布建好系統，

為藝術市場打下建全的根基。

　　經過一整個下午的「文化雪隧」對話，我們除了看到宜蘭在藝術市場可能的榮景，也像是在為台灣的地方創生工作尋路。

　　那顯然是一種充滿雙贏的可能性，利用市場的力量去轉化出地方的藝術文化能量，也讓地方的藝文資源轉化成高附加價值的藝術商品，同時帶來人潮與錢潮。

點子人筆記

「藝術創生」

每個城市都有獨一無二的能量，即使是再貧窮缺乏資源的地方，也都會有屬於自己土地的故事，那是一種無形的人文礦源，滋養文化與藝術，終能創造更多生機。

打造心靈產業 做大軟實力

"台灣應該把自己的利基建構在知識，而不是資金方面，特別是與文化創意相關的智慧財產。"

　　來自上海的朋友到台北小住半個月，擁有香港公民身分的他打算移民過來，先來探路，也看看有沒有適合的投資項目。

　　這位朋友在倫敦、香港、上海都工作過，他說女兒已經 7 歲，覺得台灣是最適合她成長和學習的環境，每次到台灣來，都能感受到這個社會有一種特別的心靈寧靜感。

　　當台灣人爭相把小孩送出國，這位大陸菁英卻想帶小孩到台灣開始另一段新人生。以他的條件，資深的專業歷練和多國工作經驗，其實可以輕易的移民到世界任何一個地方。

　　他對台灣「心靈經驗」的好感讓我想到另一位朋友，於是介紹了正在開發「心靈產業園區」的朋友給

他，看看雙方能不能有機會合作。找了個假日早晨，大家一起到這個園區小旅行。

上海朋友兩年前加入創業團隊擔任 CEO，到任之後除了為公司拿下國際大品牌的中國代理權，更從專業投資機構募得了鉅額的投資。對於大陸市場的未來，他一直有相當的定見，看過了「心靈產業園區」之後，他更肯定這是台灣面向大陸最具優勢的產業方向之一，覺得應該積極的思考：如何把這樣的產業發展到大陸，甚至整個華人社會。

從新竹新埔的「心靈產業園區」談起

位於新竹新埔的「心靈產業園區」是一個融合休閒娛樂和宗教靈修的場域，在 28 公頃的土地上為東西方的宗教規畫了地標型建築，並且請來日本、英國和瑞典的國際建築團隊操刀。上海朋友說，這樣以身心靈休憩療癒為主題的空間，在大陸一直相當被看好，台灣顯然在這個產業方向具備相當的優勢。所謂「富不過三代不懂穿衣吃飯」，走過繁榮年代之後，台灣的生活美學一直對大陸有深遠的影響。

「但是，像這樣的產品該如何輸出呢？」我好奇地

請教上海朋友。

　　他以自己目前正在經營的事業為例，在取得國際品牌的中國市場代理權之後，就開始以授權的方式在各地尋找合作夥伴，除了輸出品牌和經營知識，不涉入資金結構。以「輕資產」的經營方式，把這部分的資源投入在人員教育訓練和軟體服務。這樣的商業模式設計，除了能快速的擴展業務，也能降低合作風險。

　　他這一番話，讓我想起幾位台商朋友的慘痛經驗，這些人在對台灣市場失望之後，把資金放到大陸做合資生意。一開始談好占股50％，之後對方不斷增資，股份一路被稀釋到被當肥羊宰。台灣的資金優勢早就在中國消失，我們卻始終不懂如何運用知識優勢。

心靈產業＋生活文創＋身心療癒

　　上海朋友說，台灣應該把自己的利基建構在知識，而不是資金方面，特別是與文化創意相關的智慧財產。知識資財就像浮在資本市場水面上的油，資金堆得愈高，價值也自然會跟著水漲船高。

　　此外，過去台灣最自豪的優勢其實早都不存在了，不管是製造業或服務業，在各種軟硬體科技的加持下，

大陸的水平早就不輸台灣。像那些早年前往大陸發展的代工業者，絕大部分已經陣亡或被迫獲利了結出場。

展望未來，「心靈產業」顯然是台灣相當有機會在大陸發展出新局面的產業，結合「生活文創」和「身心療癒」兩大產業元素，讓彼此加值。比如藝術品融入宗教養分之後自然能提高各種有形和無形的價值，這樣的經驗在台灣已行之有年，但是在大陸卻才剛開始。如果能妥善地設計和輸出，或許可以為沈悶的台灣經濟注入更多動能。

點子人筆記

「心靈產業之都」

用心靈元素加值各種食衣住行產業，創造更大的附加價值，這樣的效果遠大於各種品牌行銷，只要能長期專注的投入，台灣終究能成為世界性的「心靈產業之都」。

三意變三億

三生三創 擘劃金門榮景

"現在時局和兩岸關係已經不同,金門年輕人擁有前人沒有過的機會,除了在家鄉用金門的優勢一展長才,也可扮演兩岸交流的橋樑。"

　　風獅爺廣場緊鄰著金門尚義機場,有影城、商城和餐廳,是金門年輕人心目中的潮流聚會所。每到假日,這裡處處聽到大陸口音,跨海而來度假的陸客也不少。

　　最近,這裡開始有青年創業家走進來,為兩岸青年創業市場預告了新的可能劇情。過去一年來,金門縣政府委託財團法人商業發展研究院成立了「青年三創」平台,協助金門的「文創」、「新創」和「青創」,成果發表會就選在風獅爺廣場。這場活動聚集了金門各界的領導人,由金門縣政府縣長楊鎮浯領軍,展現了對青年創業的重視和支持。

　　在這個 12 萬人口的小島上,年輕人是愈來愈珍貴的稀有資源,少子化加上人口老化,如何把年輕人留下

來甚至吸引更多外地年輕人來金門，已成當務之急。

吸引金門青年創業家回鄉打拼

　　除了積極把流散在外地的年輕人找回來，也提供更多的誘因留住來金門讀書和就業的年輕人。縣長楊鎮浯說，縣政府要扮演的是「創業夥伴」的角色，和年輕人共同來創造金門的下一波榮景。

　　預見這樣的氛圍，經營風獅爺廣場的台開集團也早早開始整合資源，除了計畫為金門青年創業家打造結合「生活、生產、生意」的空間，也積極連結兩岸的青年創業資源來落地。前台開集團總經理邱于芸說，風獅爺廣場從 2014 年開始營運，已經發展成一個屬於金門年輕人的完整生態環境，上萬坪的空間提供了消費、娛樂和工作的各種軟硬體設施，具備了為金門青年打造創業平台的各種風土條件。

　　青年三創成果發表會當天，風獅爺廣場裡也同時舉辦了「創業市集」，20 多個青年創業家攤位販售各種餐飲和文創產品，還有金門青年組成文青樂團表演。

　　「台上的那個鍵盤手是我兒子。」看著台上的表演，金門商業會的理事長李有忠說，他兒子曾經和他在

新加坡住過一些時間，現在也和他一樣回到金門工作，金門需要更多年輕人來共同繁榮這片土地。

把金門當成兩岸交流橋樑

李有忠說，為了生計，長久以來，金門人一直不斷地向外探索，早年更有許多老一輩的創業家到新加坡和馬南西亞創業，這些人往往都要到上了年紀功成名就之後才落葉歸根。但是現在時局和兩岸關係已經不同，金門年輕人擁有前人沒有過的機會，除了在家鄉用金門的優勢一展長才，也可扮演兩岸交流的橋樑。

對於台灣和大陸的年輕人來說，金門特殊的地理位置也提供絕無僅有的機會。過去這裡是反共的前哨，現在則是最接近中國大陸的一片土地，即使在關係最低迷的年代，金門和廈門兩邊的船班卻從來沒受過影響。

然而絕大部分的台灣人，對金門卻是相當陌生的，這裡曾經駐守過 10 萬大軍，現在則只剩下 3,000 人，目前來自大陸的觀光客已經超過來自台灣的人數。

這裡顯然相當適合兩岸青年來認識彼此甚至一起工作，金門和廈門的一日生活圈，讓兩地的工作和生活機能都相當完整。大陸青年可以在金門看到台灣，台灣的

青年也可以從金門出發更了解大陸。

　　這一天，午餐的時候對面坐著兩位來自廈門的金融界朋友，其中一位來自台灣。他30年前考進某大銀行，後來這家銀行投資了大陸銀行，他就這樣過海擔任公司代表。

　　一桌台灣人和大陸人坐在一起吃飯，這樣的畫面在30年前的金門是絕不可能出現的。不管經歷再怎麼樣殘忍的故事，人們總是會選擇共同追求有利的未來吧。

點子人筆記

「輸與贏」

和平沒有輸家，戰爭沒有贏家，金門和廈門這兩個地方的發展都證明了這句話，遠離了戰爭年代之後，廈門快速發展，也讓金門產生更多的依賴，兩門的關係從對立到共生。

三意變三億

餐酒學堂激勵產業轉骨

"透過葡萄酒這樣的平台,除了能帶動台灣高端餐飲產業的發展,也能刺激消費市場同時拉動農業、觀光旅遊的發展。"

　　20多年來,他每周至少參加一場餐酒會。在歷經近千場的好酒好菜之後,這位朋友開設了一系列餐酒會課程,教人如何辦餐酒會。他說餐酒會除了是門好生意,還有機會帶動台灣各產業轉型。

　　他這說法讓我好奇,讓更多人喝葡萄酒吃美食不就是發展餐飲業嗎?怎麼還能跟其他產業扯上關係?但是在看過他的課程安排之後,才有點明白他的想法是什麼。對一個愛喝葡萄酒的人來說,葡萄酒往往不只是酒,更像是一種信仰。

　　課程裡,這位美酒美食達人把餐酒會經驗轉化成知識系統,融合了文學、史學、哲學、哲學、商學來論述餐酒會。甚至提供各種資源,手把手的教人如何能辦出一場成功的餐酒會。

透視餐酒文化背後的商機

「葡萄酒是全球菁英族群的共同語言。」他認為，對各行各業的高階人士而言葡萄酒的知識甚至比英語更重要。一坐上歐美上流社會的餐桌，共同的話題往往是葡萄酒，對酒沒有一定的了解，在餐桌上就很難擁有話語權。

「台灣很多企業家連酒單都不會看，在老外眼裡，這像是某種人文素養指標。」朋友說，打從西元前 400 年的希臘開始，葡萄酒就是人類菁英的共同飲品。哲學家 Aristophanes 甚至說：「葡萄酒可以滋潤大腦。」

我好奇這位朋友如何能把餐酒會變成一門可教可學的知識？

他說，先從動機教起，讓來上課的人有學習動機。談歷史上一些有名的餐酒會，並且說明這些餐酒會達成了什麼目的。比如宋太祖利用一桌餐酒會「杯酒釋兵權」，又比如賈伯斯用一場好酒好菜，從百事可樂挖角約翰史考利到蘋果公司當 CEO。古今中外，有太多歷史是利用餐酒會寫下來的。

讓學員了解餐酒會的妙用之後，餐酒學堂會接著談如何辦好這活動，一場餐酒會的預算從台幣幾百元到數

萬元，不同的目的當然有不同的內容和品質。例如：如何定位？定位後的細節設計與執行：人該怎麼約？酒該怎麼選？餐該怎麼搭？連杯子也不能馬虎。

　　一系列的課程也都是利用餐酒形式來進行，邊吃喝邊上課，交流種種關於餐酒會的經驗與資源。有趣的是，來上課的學生裡，不少是想透過餐酒會來獲利，而不只單純和朋友吃吃喝喝連絡感情。酒商想利用餐酒會來開發新客戶，金控理專辦餐酒會是為了強化客戶向心力，甚至有人想把餐酒會變成一門長期生意。

餐酒學堂的機會與挑戰

　　餐酒學堂的經驗也反映出台灣風格產業目前所面臨的一些機會與挑戰，在歐美日社會，葡萄酒一直像是某種產業指標，更是創意人的日常飲料。西元前 870 年，美索不達米亞的亞述國王辦了一場十天十夜的 7 萬人盛宴、喝了一萬個皮囊的葡萄酒。當時葡萄酒的價值是啤酒的十倍，亞述國王用這些酒來展現自己的財力，也奠定了葡萄酒從此成為權力和榮耀的象徵。

　　這位朋友說，透過葡萄酒這樣的平台，除了能帶動台灣高端餐飲產業的發展，也能刺激消費市場同時拉動

農業、觀光旅遊的發展。這片風土也會淘洗和培育出更多的創意人才，為各行各業的轉骨持續注入能量。

聽他說著這些理想，我開始回憶在海外旅行的經驗，在每一張和菁英朋友相聚的餐桌上，我們的話題也真的總是從葡萄酒開始。當台灣有愈來愈多這樣的畫面時，也能展現這個社會的財力和文明力。

點子人筆記

「餐酒素養」

寫完這篇專欄之後，我開了「餐酒學堂」課程，從餐酒搭配的歷史人文到市場發展來和學員分享。第一堂課，任職金融集團副總的 James 就來報名，他說每次和外國客戶吃飯時，大家都在談葡萄酒，上餐桌之後，談酒往往成為第一個話題。

三意變三億

智行車 促進城市進步的生意

"每台摩拜單車其實就等於一部智慧型手機，車上的晶片組除了處理租退工作，也能全天候的把各項騎乘資訊送到後端處理。"

　　2018 年 4 月，大陸共享單車摩拜（Mobike）被美團 LBS 平台接手以 800 多億台幣併購，本來在摩拜單車國外部工作的他，就和幾位朋友到新加坡自己創業。

　　從原來的工作經驗出發，他的新事業主打「綠色出行」，除了單車也正在研發提供電單車、電動滑板車這些短程交通工具。公司一創辦不久就有不錯的機會，台北市的共享單車（YouBike）的標案到期，他也參加了投標團隊。

　　後來雖然沒有得標，但是整個投標過程卻讓他更了解台北的共享單車市場，也和過去在大陸的經驗整合出更多點子。

透過活動的每台單車帶來的資料流

他說，共享單車除了是門大生意，經營得好也會帶來不少公益，改善一個城市的交通與空間。

他打開筆電給我看一張地圖，上萬個光點在裡面流動，在那個歐洲城市裡，每天有一萬多台摩拜單車移動著，這個數字和 YouBike 差不多。以每台平均被騎 12 次來計算，每台自行車就像一部24小時運轉的印鈔機。

再加上這門生意背後的種種機會，廣告營收、資金運用、置入行銷等，難怪一直有業者以不同的方式加入競爭。

特別是「無樁單車」也前來台北叩關，在全球所有市場都是強勢物種，卻在台灣生存不下去。

從各方面條件來看，無樁單車其實是比較聰明的選擇，除了政府不需要做任何投資（共享單車租用站都是由政府花大錢設置的），也能彈性使用城市的空間，發展無樁共享單車，政府除了不用花錢，甚至能賺錢。

他以摩拜單車經驗來說明，每台單車的造價大約 1 萬元台幣，但是市場上也有同業的造價是 3,000 元台幣。之所以價差這麼大，是因為摩拜認為自己經營的是「物聯網事業」，除了提供交通工具服務，更要能掌握

運用這門生意所產生的各種資源。

每台摩拜單車其實就等於一部智慧型手機，車上的晶片組除了處理租退工作，也能全天候的把各項騎乘資訊送到後端處理。

每台單車都是不斷產生資料的機器，這些資料對生意和公益都有極大的價值。

共享單車帶來的三種商業可能性

「共享單車是一門能讓城市更進步的生意。」他舉一些歐洲城市的經驗，儘管摩拜來自中國，卻相當受到海外市場的歡迎，因為歐洲人感受到這項生意帶來許多新的可能，像是：

一、移動商機：利用「地理服務（LBS）」系統，在不同的地點提供廣告或折扣優惠資訊，只要單車進入這個區域，就會和 LBS 連結，政府也可以提供各種即時在地服務訊息。

二、空間優化：每台單車行駛軌跡都會被系統記錄，分析這些資料可以知道那些路線是市民常使用，那些又是冷門路線。萬一這些路線有異常的變化，也能顯示特別的狀況。種種共享單車產生的數據資料都可以拿

來運用，做為市政空間建設改善的參考。

　　三、**生活社群：**除了是交通工具，共享單車也是一種生活方式，展現城市的生活文化，那些每天騎著共享單車上下班和休閒的人口，每天在城市裡創造故事和追求綠色、健康的生活風格，經營這樣的社群自然有不少商機，也能為城市創造更多的正能量。

　　在各個華人社會，共享單車生意看來已經走到史無前例的高峰，甚至已經創造了影響全世界的效應。

　　在低碳環保的時代，訴求綠色和健康的兩輪車巡遊在城市的大街小巷，蒐集著各種人與空間的資訊，這樣的自行車也像是「智行車」。

點子人筆記

「三意單車」

共享單車是典型的「三意服務業」，以科技創意來加值公益，提供大眾便利的交通，創造的經濟效益更是巨大。在每天服務的過程中，更可以汲取大量的資料，做為改善交通的參考。

奇物時代的新商機

"做品牌的目的不是要做第一，而是要做唯一，不是要讓消費者選擇，而是要讓消費者沒有選擇。"

　　不久前才剛拿到阿拉伯糖原料的總代理權，這家公司的負責人打算從台灣出發賣到全世界。

　　阿拉伯糖由阿拉伯膠樹分離出的阿拉伯膠製成，從 2006 年開始就陸續被美國、日本視為對抗肥胖和糖尿病的健康食品。

　　「今天請您來是想請教如何做品牌，我們這生意布局都差不多了，通路也已經安排好。」公司的負責人對我說。

　　我說，做品牌的目的不是要做第一，而是要做唯一，不是要讓消費者選擇，而是要讓消費者沒有選擇。

　　品牌工作只有兩件事 —— 販賣恐懼或販賣貪婪 —— 這兩件事往往又是同一件事。

　　阿拉伯糖朋友顯然認同我對品牌這件事的想法，進

一步問我他該怎麼做。

「再下來就是我的營業機密了。」我開玩笑地說。

和他見面之前，我對阿拉伯糖做了一些功課，很明白這是屬於這個時代的產物，過去的科技和市場不足以讓阿拉伯糖出現。

但是在未來，卻一定會有愈來愈多這樣的「奇物」問世。

進入前所未見的「奇物時代」

Google 工程總監 Ray Kurzweil 在 2005 年出版《奇點已近（*The Singularity Is Near*）》，在這本書裡，他說科技文明已經走到「奇點（Singularity）」，人類和其他物種（生物和非生物）將相互融合，電腦智慧與人腦智慧將深度融合，科技將會在很短的時間內發生極大而接近於無限的進步，這樣的發展速度將是人類歷史上從沒見過的。

過去 14 年，奇點理論的預言不斷地被驗證。特別是最近這幾年，AI、5G、機器人在我們的生活裡攻城略地，這些科技也不斷的創造出前出未有的「奇物」，一個前所未見的「奇物時代」已在眼前。

2016 年世界經濟論壇（WEF）創辦人 Klaus Schwab 就已宣告，人類正進入「第四次產業革命」：火力推動了 1760 年的第一次產業革命，電力推動了 1870 年的第二次產業革命，電腦推動了 1950 年的第三次產業革命，網路則在 2000 年推動了第四次產業革命。

從無所不在的行動網路，體積更小、價格更低、功能更強大的感測器，人工智慧，機器學習，各種新科技不斷演進、突破和融合，相對於前三次產業革命，目前正在發生的第四次產業革命正以史無前例的速度不斷催生各種像阿拉伯糖這樣的「奇物」。

第四波產業革命的三個特徵

許多人也擔心，機器人等技術創新，將導致大量工作消失，3D 列印的汽車或器官移植甚至可以解讀人類心思的機器將會讓人類的文明走到失控。第四波的產業革命和前三波有三個明顯的不同：

註 2：裂變一詞出自原子彈的爆炸原理，當一個外力打到原子，爆炸後，便開始裂變下去，刺激其他原子不斷分裂產生能量。用在商業經營上，就是透過客戶的社交圈影響力，把產品及服務，快速擴散，產生影響力。

第一是速度：之前的產業革命都花了幾十年以上的時間才成形，第四次工業革命發展的速度遠甚於過去。

第二是幅度：第四次工業革命是全方位的，行動網路、智慧型感測器、奈米、3D 列印、生物科學、材料科學、AI、5G、機器人……，以及這種種技術之間的融合，都將因為這樣的幅度產生超強的能量。

第三是深度：不只是單一產品或服務創新，而是整個系統都發生轉變。例如共享經濟的出現，除了整合出系統化的產品，也系統性的改變了商業世界的結構和遊戲規則。

如同第一次產業革命和第二次產業革命之間，現象學的出現重新詮釋了人類的精神文明。

在這樣的奇物時代，又將會裂變^{（註2）}出什麼樣的人文風景？

點子人筆記

「文明的盡頭」

悲觀主義者認為，文明的發展終究會摧毀文明，奇物時代其實只是一個開端，在 AI 和 5G 科技的推化下，將會有更多的新奇事物出現。只是目前難以預期的是，這會不會加速讓人類走到文明的盡頭？

從舞鈴劇場看激發藝文能量

"舞鈴品牌的核心工作有三:「在地認同」、「幸福記憶」和「關係資產」,這些特質讓舞鈴和各國內外表演團體有相當大的差異化。"

　　被譽為是「台灣的太陽劇團」的舞鈴劇場成軍30年了,在巡演過全球30多個國家之後,最近推出了新作品「阿米巴」舞劇。

　　一直覺得像舞鈴這樣的表演藝術團隊是台灣很重要的文化資產,就像雲門舞集在1973年以「中國人跳中國人的舞」的理念創團,讓有才華的藝術家能安心發展專業,也培育出更豐厚的文化風土。

　　舞鈴多年來一直受外交單位邀請出國表演,許多從沒聽過台灣的外國朋友都看過舞鈴的表演,在這些人心目中,舞鈴是台灣的另一張臉。但是,在台灣聽過舞鈴的人並不多,舞鈴的知名度也有待提升。

　　精準的擴散舞鈴品牌顯然是這個團體的策略發展重

點，讓對的人去擴散宣揚舞鈴的價值，也才能連結更多資源啟動新的營收模式。

在地認同、幸福記憶和關係資產

這種從「議題發酵」到「品牌擴散」，再發展「商業模式」的思維，也一直是千百年來商業世界的不敗方程式。從沒有網路的年代到今天的電商時代，每一個成功的品牌都經過這樣的歷程。也許媒體通路不同，但是運作的原理卻是一模一樣。

我分析舞鈴品牌的核心工作有三：「在地認同」、「幸福記憶」和「關係資產」，這些特質讓舞鈴和各國內外表演團體有相當大的差異化。

5 年前，加拿大的太陽劇團曾經向舞鈴提出購併的邀請，但是創辦人劉樂群想為台灣留下舞鈴而婉拒了這個機會。他說，也許答應了這個合作可以擁有很多資源，但是台灣會失去一個品牌推進器。

而且，和太陽合併只會成為這個大品牌的一小部分，堅持走下去還能做自己，這也是藝術創作最核心的理想。這種對台灣的認同，透過媒體的報導也得到各界對舞鈴的支持。首演當天許多來自政商界的菁英人士帶

著家人小孩前來觀賞，也讓舞鈴品牌展現了高度的「在地認同」。

每次舞鈴演出結束後，所有的表演藝術家都會在劇場出口和觀眾合照，展現的親和力和幸福感，也是舞鈴品牌價值很重要的一部分。平日工作繁忙的父母帶著兒女，一家人共同觀賞舞鈴表演，再和藝術家們合照所留下的影像，在時日久遠之後，其實是極為珍貴的「幸福記憶」。

把代工產業補助轉至表演藝術輔植

30 年來，有無數人看過舞鈴表演，也有許多演出的藝術家，這些過程中也創造了許多工作機會和資源。這些經驗如果能不斷複製推廣，就能為台灣表演藝術市場帶來更多能量，也會拉動其他周邊產業的成長，集結和產出多元資源，如同火車頭。

一場表演除了要集結數百位藝術文化創意人才來製作，所產生的內容（IP）也能轉化成推動食衣住行各產業的「關係資產」。

「阿米巴三場首演結束後，參與演出的藝術家都很失落，說自己又失去舞台回到凡間了。」劉樂群說，藝

術家本來就該屬於舞台，但是台灣的現實環境讓許多有才華的藝術家必須兼差打工才能活下去。

像這次作品他自己散盡家財投資千萬為藝術家搭舞台，這些錢要回收看來遙遙無期。

那一刻，我忽然意識到，這可能是台灣未來產業轉型的重要工作之一。多年來，政府一直給代工產業鉅額的補助，只要能用這些錢的零頭來培養更多藝術家和創意文化人，就能讓台灣的藝文能量更強大，也才能用這些能量為台灣各行各業拉高附加價值，脫離「毛三到四（代工業的毛利通常不會超過4％）」的命運。

點子人筆記

「家族記憶」

每次看完舞鈴的表演，最深刻的印象都是父母帶著小孩共同觀賞的畫面，可以想見台灣有多少父母和小孩相處的時間多麼珍貴。台灣已經成了一個難以理解的社會，父母忙於工作，小孩忙於功課，家人相處的時間和品質遠遠比不上同事或同學。

成為頂尖高手三條件

"只要追求頂尖又不斷創新，台灣一定也能不斷進步，甚至突破外交和政治的各種束縛。這是一個講實力的世界，只要能創造自己的價值，就能被需要。"

2019 年國際書展的第一天，和出版社的朋友約在會場談著下一本書的出版計畫。書展會場內有數不完的書，我們的話題卻一直在討論現在的台灣還需要什麼樣的一本書。

整個國家正面對著許多挑戰，內政、外交到國際貿易，這些結構龐雜的問題顯然都不是人民所能解決的。要超越這些限制，只能不斷的把每個人的專業做到最好，好到讓全世界無法忽視台灣。

談到這裡，腦海浮現的並不是一本書，而是一個史詩級的電視節目。

讓全日本職能精進的職業教育平台

　　一系列的紀錄片都是以大腦科學學理為主軸來探索，去了解各行各業頂尖專家的內心世界，以探索為什麼他們能在各自的專業領域如此傑出。這部名為「Professional」的紀錄片自 2006 年開始在日本 NHK 頻道上播放到今天，已經播出了 380 多集。

　　對日本社會而言，這已經不是單純的紀錄片，更像是一個讓全日本職能精進的職業教育平台，引領著日本各行各業不斷進步，如同樹立一座職人精神的燈塔。

　　「Professional」在 2006 年剛開始播出的時候，主持人是東京大學大腦科學家茂木健一郎和主播住吉美紀。每次片子一開頭，兩位主持人都會重覆一次這個節目的宗旨：「人的腦子像一部影印機，會自動模仿和學習，透過觀摩這些專業高手的過程，觀眾也不自覺的會吸收這些高手的功力」。

　　十幾年來，「Professional」一直叫好又叫座，記錄了近 400 位各行各業專家的成功之道，包括專門搶救瀕臨倒閉旅館的經營高手、一流的甜點師傅，以及頂尖的心臟外科醫師。

吸取專業高手的成功心法及複製

　　每部片子最後都會由主持人幫觀眾分析歸納這些專業高手的關鍵成功因素，並且重申這節目的製作宗旨，就是希望觀眾能吸取專業高手們的成功心法並且複製，節目像是一套很寶貴的專業資料庫，收藏著日本人最自豪的專業主義。

　　這些在日本各行各業具備世界級成就的菁英們都具有以下三個特點：

　　一、經歷過人生中重大的挫折：這些人一開始都不是最優秀或條件最好的人，因為必須透過持續的努力克服自己的缺點，反而讓他們的專業更趨於完美。但很有趣的是，這些專家也都認為自己永遠無法達到完美的境界，因為覺得自己不夠完美，反而會不斷追求完美。

　　二、都很嚴格的要求自己：每天不斷的思考和練習，因為工作對他們不只是工作，而更是創作，這些努力也讓今天的自己能超越昨天的自己。

　　三、都是很好的教練：除了重視自己的專業，更重視專業的傳承，並且認為做為一個好教練教出優秀的學生也是自己專業的一部分。

　　我把這些觀看「Professional」的心得和出版社的

朋友分享之後，他馬上說這是台灣最需要的書，除了有勵志的效果，更能激勵各行各業有志之士不斷成長精進。如果台灣的各項專業都能像日本一樣追求頂尖又不斷創新，台灣一定也能不斷的進步，甚至突破外交和政治的各種束縛。這是一個講實力的世界，只要能創造自己的價值，就能被需要。

　　「我們可以找台灣各行各業最頂尖的世界級專業高手來現身說法，分享他們如何具備今天這樣的身手，從他們身上萃取成為頂尖高手的祕訣」。

點子人筆記

「神祕影印機」

人類的大腦是一台神祕的影印，不只能印出任何事物的表象，也能印出表象所沒有表現出來的抽象世界，這種由視覺拉動的想像力，其實始於四十萬前智人出現之後。也因為這樣的想像力，造就人類所有的文明。

三意變三億

知識綜藝化 創新節目新型態

"兩岸三地雖活在兩種制度裡，但骨子裡的情感和價值系統卻是極為類似的，比如對知識的崇拜。"

經歷 20 多年的電視製作生涯，製作過兩岸的高收視率節目之後，他在去年從大陸回到台灣，照顧年邁的母親也休養生息。

本來打算休息一陣子，卻因為種種機緣讓他有了新的創作靈感。對一位創意人來說，他意識到這是此生絕無僅有的機會，能夠把知識和娛樂完美地融合，製作出許多製作人從來沒做過的節目。

兼顧娛樂和知識的藍海節目

從對岸回到台灣長住之後，他參加了朋友的讀書會，讀了《自私的基因》和幾本經典大書之後。他忽然想到韓國去年最紅的「天空之城」電視劇，這部戲裡引

用了許多這些菁英讀物的內容。

　　「為什麼不用書裡的知識來解讀娛樂節目裡的種種情節？」這位兩岸知名製作人覺得自己看到了大金礦。

　　他想像著一種從來沒有過的節目型態，把最先進的趨勢和新知用綜藝節目來包裝。

　　讓觀眾在看節目時也把知識無阻力地吸收進腦子裡，這樣同時兼顧娛樂和知識的內容產品，是台灣在華人世界絕無僅有的優勢。

　　當台灣的影視產業雪崩式的敗壞，人才紛紛出走到大陸，為什麼在大陸擁有 15 年製作經驗的他，會想要在台灣製作這樣的節目？

製作知識娛樂化的三大優勢

　　他說，任何事都需要天地人資源俱足才能成功，台灣製作這種「知識娛樂化」節目擁有這三大優勢：

　　一、天時：兩岸網紅經濟走到瓶頸，「中國網紅第一股」的如涵控股在美國納斯達克上市，首日股價就重挫 37.2％到 7.85 美元，台灣的網紅電商也一直看不到新生機，兩岸都需要新品種網紅來打開新市場。

　　二、地利：台灣社會的生活質感仍具影響力，台灣

影視圈各種人才目前仍在大陸相當受歡迎。兩岸都是同文同種的社會，在台灣育成的知識型網紅也同樣對於大陸市場有吸引力。

　　三、人和：台灣影視圈人才累積多年大陸市場經驗，對於觀眾口味喜好與資源分布情況有一定的掌握能力，能製作出高收視率的產品。特別是過去這幾年兩岸影視產業都慢慢把主力戰場轉向網路，台灣的節目要引進大陸也擁有更好的平台。

　　聽他分析完台灣這些優勢之後，我忽然想起，幾乎來過台灣的每位大陸朋友都跟我說過同樣一句話：「台灣比中國更中國」。

　　表面上看來，兩岸三地雖活在兩種制度裡，但骨子裡的情感和價值系統卻是極為類似，如對知識的崇拜。

千億人民幣的白領知識市場

　　羅振宇（羅胖）是大陸最具人氣的知識網紅之一，從 2016 年開始每年舉辦跨年演講，每次都有上萬人購票聆聽，兩千多萬人網上同看直播。

　　他經營的「得到」App，在兩岸擁有 800 萬用戶，年銷售超過人民幣 7 億元。

最近羅胖和愛奇藝合作「知識就是力量」演講節目，更直接化身為社會導師，大談為人處世之道，教導大陸白領人口該如何生活。

根據麥肯錫顧問公司調查，大陸目前擁有超過 1 億名白領，這些人是 15 億人裡收入最高的一群人，每人每年只要花人民幣 1,000 元投資在知識產品，就能創造出千億人民幣的市場。

但是羅胖愈紅，也愈碰觸了市場最敏感的神經，他所談的內容對大陸的高端菁英人口影響愈來愈大，很難不引起黨政言論監管單位的關注，這也成了值得關注的觀察點。

聽我說完這些，製作人朋友充滿信心地說，如果能培養出擁有羅胖的腦袋和口才及 TWICE（韓國知名演藝團體）外形的「知識型藝人」，就有可能創造出下一個周杰倫或蔡依林。

點子人筆記

「智人商機」

七萬年前，智人走出非洲之後，已經在全世界繁衍出超過七十億人之後，智人已經成為地球上最強勢的生物。智人之所以能征服世界，完全是因為人腦對於知識的渴望，不滿現狀不斷求知，這樣的特質也造就了人類的命運。

三意變三億

知識娛樂化 影視產業新風口

"利用台灣的優勢去經營大陸市場，再進軍歐美日和全球，台灣影視人正面對著史無前例的機會。"

　　2004 年，本來在電視台擔任業務主管的羅法平到大陸發展，創辦了公司也製作出不少叫好又叫座的節目。五年前，他把事業重心移回台北，針對網路市場開發「IP 劇」，也看到了他從沒看過的新市場。

「IP 劇」的誕生及暢銷

　　「IP劇」的「IP」這兩個英文字源自於「Intellectual Property（智慧財）」，指的是把暢銷的動漫小說或電玩故事改編成的影視作品。從 2001 年到現在，「哈利波特」、「魔戒」、「仙劍奇俠傳」、「瑯琊榜」、「如懿傳」這些 IP 劇都創造了很高的票房。

　　2015 年，羅法平的公司初試啼聲，推出改編古龍

小說的「飛刀，又見飛刀」，目前在各視頻平台的點播次數已經超過 23 億，之後的幾部作品也都有亮眼的成績。2019 年，他更買下擁有超過 350 萬點閱次數的大陸高人氣網路小說「重紫」版權，集結兩岸影視菁英，面向資本市場來開展事業格局。

羅法平說，傳統影視市場的核心是節目，所有的獲利思考都只是節目，無非是版權或廣告相關收入。在網路年代，市場的格局和規模已經和過去完全不同，IP 劇除了能不斷的延伸故事線拍出系列故事，也能創新營收模式。只要把 IP 經營成功，甚至能跨入手機遊戲和地產這些高含金量的市場。

「全球的華語影視收視人口至少占全球影視市場三分之一，大陸三大視頻（愛奇藝、優酷、騰訊）付費用戶人數超過 2.4 億，比 Netflix 還要多，只要能在大陸站穩腳步，就有機會接軌國際。」羅法平說，利用台灣的優勢去經營大陸市場，再進軍歐美日和全球，台灣影視人正面對著史無前例的機會。

台灣影視產品的三大優勢

從過去的經驗來看，台灣影視產品面向大陸市場一

直有著三大優勢：

一、人文同源：兩岸社會同文同種，擁有許多共同的歷史和文化記憶，人民價值觀也近似。這些共通性都是台灣影視產品得天獨厚的利基，從 2,300 萬人的市場出發而且有機會進入 15 億人口的大陸。

二、多元開放：兩岸歷經不同的社會體系發展，台灣的政治民主化和經濟自由化也造就了多元開放思潮，國際視野與眼界也與大陸不同。這些特質都與大陸有相當的差異化，自然能孕育出完全不同的產品。

三、創新突破：在人文同源和多元開發這兩大優勢之下，台灣的影視產業為了和大陸競爭，自然必須不斷創新求勝。以前瞻的視野和觀念來思考，開展出連結兩岸和全球資源的平台，擁有最具創新動能的產業環境。

以知識為主體攻佔大陸影視內容產值

回顧過去 15 年來在大陸影視市場的經驗，羅法平認為台灣業者可以從以上三大優勢整合「資本」、「文化」與「人才」等資源來進入大陸市場甚至接軌國際。

台灣的資金如果能投入好的影視產品，獲利和回報絕對不亞於高科技產業，甚至還有助於建構台灣的品

牌。而過去數百年來兩岸所共同經歷的人文故事，更是發展台灣影視產品的豐厚資產。在這些基礎之上，台灣的影視人才自然也能擁有更好的機會和舞台。

羅法平認為，面向未來，台灣影視產業有很多機會，其中，「知識娛樂化」是相當值得探索的一條路徑。

過去幾年，大陸的知識內容市場大爆發，知名市場研究機構 irsearch 指出，以知識為主題的影視內容產值在 2020 年將超過人民幣 200 億元。台灣業者如果能在這個風口上，結合「知識」和「娛樂」這兩大元素來發展知識娛樂化產品，應該能為沈悶多時的影視產業打入一記強心針，也能啟發和拉動更多台灣產業發展。

點子人筆記

「知識是最性感的娛樂」

中國的知識內容市場一直快速成長，目前已經從原來的 200 億上看 500 億人民幣。這些數字背後也說明了這是中國當今最性感的產業，同文同種的台灣能在這個市場上擁有一席之地嗎？

時尚創新 用哲學加值

"哲學和時尚連結的未來想像，其實早就有跡可循，就像時尚教母 Anna Wintour 常掛在嘴上那句話：「重點不是妳穿什麼，而是妳是誰」。"

　　當時尚產業結構持續崩解，哲學有可能成為救命仙丹嗎？

　　最近，時尚產業最熱門的話題之一，是時尚產業的崩解。這個議題背後有三個討論箭頭：「網路民粹主導市場」、「快速時尚解構專業」以及「電商平台新市場」。

　　這些思維，都是從傳統時尚市場各項權力結構的重組來解讀目前的困境。過去的時尚產業一直被定位為創意產業，產業的最核心是時尚設計師，任何的競爭也都一直只是產業鏈裡的權力消長。從來沒有人想過，有任何時尚產業之外的力量能改變時尚產業。

網路興起引發時尚產業天翻地覆的改變

根據英國時尚協會的統計，目前全球各大服裝秀上展示的產品超過 70%可以在線上購買，設計師也會透過自己的網站銷售作品。許多設計師透過 Twitter 或臉書與消費者進行社群互動，而有深遠影響力的部落客，現在已經是秀場前排的貴賓。這些事實都說明了，時尚產業的「設計」、「生產」和「通路」早就發生天翻地覆的改變。

有了網路之後，時尚這件事不再只有創意人說了算，時尚網紅的影響力甚至可以主導整個市場喜好，為了討好市場，再傲慢的創意人也只能向市場低頭。目前的情況，就好像蘋果公司的 iPhone 出現之前的智慧手機市場，當時語音通訊是手機最基本的功能。

把時光快轉到 2007 年，和那時的市場情況相比，現在整個傳統電信產業其實已經不存在了。消費者用 LINE 講電話，電信業者收不到電話費，電信產業早就轉型成數位服務產業，吃下「通訊」、「媒體」、「零售」，甚至金融這些產業。

不久之前，英國作家 Alain de Botton 所創辦的「人生學校（The School of Life）」在香港中環的 IFC

開設了專賣店，左鄰右舍都是全世界最高檔的奢侈品牌，身處其中，這個專賣修身養性書刊和環保袋與文具用品的小店看來格外醒目。

「人生學校」台北分校的執行長李欣龍說，一直以來，人生學校都被視為是教育機構，但是在 Alain de Botton 的心目中，這個學校其實是個性格鮮明，而且擁有多重意義的品牌。2017 年，Alain de Botton 把全球十多所分校的主管集合到倫敦總部，正式宣布將把「人生學校」經營成時尚和娛樂品牌，而不只是像過去那樣的心靈成長或教育機構。

當哲學和時尚連結的未來想像

最近「人生學校」化身成為時尚品牌進軍香港，這件事並沒有在時尚界引起太熱烈的討論。但是有幾個未來的可能顯然即將發生，這些劇情甚至可能為時尚產業帶來重大的刺激：

一、名流認同：許多時尚品牌往往都有共同的歷程，本來沒沒無名乏人問津，卻不知為什麼竟然一夕暴紅，原來是一群有影響力的名人陸續成了這品牌的愛用者，這些人加值了品牌也被品牌所加值，Alain de

Botton 和哲學看來都是菁英名流喜歡用來自我加值的元素。

　　二、**時尚創新**：時尚產業的靈魂一直是設計，總是不斷地以創新設計來發展新產品，但是把哲學當成時尚的核心元素之後，產品的意義和價值是被解釋出來的，只要能找到新的解釋方式，一個平凡無奇的產品都能成為時尚。

　　三、**重建人文**：時尚產業一直強調外在形象，絕少有關於心靈與內在事物的討論，再加上長年和影劇藝能事業掛勾，在社會人文的位階一直難以提升，若和哲學能順利連結，就會成了某種意義上的教育媒體事業。

　　以上這些關於哲學和時尚連結的未來想像，其實早就有跡可循，就像時尚教母 Anna Wintour 常掛在嘴上那句話：「重點不是妳穿什麼，而是妳是誰」。

點子人筆記

「**哲學時尚與時尚哲學**」

如果說哲學是探索智慧的學問，時尚產業的哲學應該是目前最有成長空間的哲學。因為這個產業一直很少被想像和智慧有什麼關係。

三意變三億

日本觀光產業的心靈旅行戰略

"所謂的「心靈旅遊」指的是提供心靈經驗的旅遊產品，同樣住飯店，住在千年老寺門口和住在紅塵十丈的市區裡自然不同。"

2019 年的 9 月 8 日，日本奈良法隆寺門口一家飯店開始營業。飯店裡有日本文化體驗教室，還定時舉辦茶道、書法、花道和日本酒品酒活動。這件事成了全球旅遊產業目光的焦點。

興建於西元 607 年的法隆寺在 1993 年通過聯合國認可，成為日本第一座世界遺產，也是全世界最古老的木造建築群之一。在巴黎聖母院被大火燒毀之後，這座千年古寺更是受到日本人的呵護珍惜。

而今天，在距離廟門口不到五分鐘的「參道（參拜專用的道路）」上，竟然會出現一家旅館。這件事也標示著日本人處理文化和商業的態度，以及融合古今資源的思維與能力。

在遊歷山水人文的同時也療癒身心

　　資深的日本旅遊業者林明珠說，日本社會對於古文物的尊重有一套屬於自己的哲學，並不只是一昧的保存修護，更在乎如何讓這些看得見的歷史融入生活裡。而且會透過細膩的計畫和執行，確保古蹟的安全，也發揮最大的商業與教育價值。像法隆寺門口這家旅館之所以能出現，是起源於 2014 年日本政府有條件開放古蹟附近土地的使用，在商業與文化之間找到平衡之後，才能順利開張營業。

　　林明珠認為，這家旅館藝在千金難換的土地上，但是房價顯然經過特別的考量，每人一萬八千五百元日幣（約合台幣六千元左右）就能入住還贈送早晚餐，應該是希望能讓大眾能更容易來親近這個日本人一直引以為傲的古蹟。整個飯店只有 60 個房間，每晚只能入住 141 名旅客，訂房可能不是那麼容易。但是特別值得注意的，是「心靈旅遊」已經成為日本旅遊產業發展策略箭頭。

　　所謂的「心靈旅遊」指的是訴求提供心靈經驗的旅遊產品，同樣住飯店，住在千年老寺門口和住在紅塵十丈的市區裡自然不同。從這個方向進一步發想，只要能

融入心靈相關元素，整個旅行質感就能大大提升。

林明珠以她最近在日本伊賀規畫的「不動小旅行」為例，針對 30 歲以上的白領菁英族群設計專屬心靈旅行行程，以位於高爾夫球場內的不動明王道場為行程重點。在遊歷山水人文的同時也療癒身心，更在行程中提供禪修和清酒與陶藝文化體驗。放眼台灣每年四百萬人的日本觀光人口，這樣的產品顯然不多。

林明珠說，心靈旅行規畫的難度相當高，除了要慎選合宜的地點，食宿交通資源的品質和成本都比一般旅行團高，再加上禪修體驗的場地和人才等資源甚至有錢也買不到，在市場上自然奇貨可居。

深度文化旅遊市場正在崛起

根據聯合國教科文組織的統計，每年全球的文化旅遊市場大約有 12 億人，這些人口促進文化間對話、創造就業機會、穩定農村社區、也增進了旅遊目的地的光榮感。但是如果沒辦法好好管理，反而會對珍貴的自然和文化財產帶來傷害。

2020 東京奧運顯然是日本人眼中百年難得一遇的好機會，利用大量人潮帶來的錢潮，把原本就是全球模

範的日本觀光產業創新轉型。為文化、商業和社會帶來
三贏，也透過一系列的加值策略讓日本成為高附加價值
社會。

　　就如同全球的觀光產業仍然陷於價格競爭的紅海，
日本觀光產業已經開始用「心靈旅行」這樣的產品來吸
引附加價值最高的客群。對台灣的觀光旅遊產業來說，
這樣的經驗也相當值得注意和借鏡，因為不管是宗教、
自然和交通，台灣所擁有的資源並不亞於日本，也自然
有發展這樣高附加價值的潛力。

點子人筆記

「心靈與文化競爭」

當國家的競爭從硬實力走向軟實力甚至「典範力」，考驗的
其實就是彼此之間心靈與文化的強度和高度。

三意變三億

日本百年企業的台灣新價值

"也許找台灣的資金來合作是延續日本中小企業生命的好方法。透過資本的合作，可以協助台灣企業發展，進入日本甚至全球市場。"

竹原信夫在大阪是個名人，每個星期在 NHK 主持節目。

對於 71 歲的他來說，製作這個節目並不難，從 1997 年到今天，採訪過許多中小企業。他所創辦的「日本最光明經濟新聞」，每月出刊一份報紙，完全自己採訪和編輯，還有網路版與 YouTube。這樣的「財經自媒體」，在全日本絕無謹有。

竹原信夫的報紙強調「正能量」，只報導光明面的內容，每個月採訪 40 家左右的中小企業。每家企業，他都用短小精準的 3 ～ 500 字內容來描寫「這家公司為什麼會賺錢」，分享經營成功之道。20 年來訪談超過 800 位企業家之後，他也看到日本產業不同的風景。

新的商業或服務業取代傳統製造業

「這些企業規模也許不大，卻是日本經濟最重要的基石，像 TOYOTA 這些大企業的背後，其實都是依賴許多中小企業的努力。」他認為，這些公司的價值絕對不只在於員工人數和股價，更標示著時代的變革。

過去的日本中小企業以製造業為主，隨著中國和東南亞新興市場的崛起，服務業慢慢成為日本中小企業的主角。而新商業和新服務模式往往也充滿創意，像最近在日本頗為流行的「外送水果到公司」，這樣的靈感其實是來自早年每天到企業裡中叫賣的「養樂多媽媽」。

日本政府對中小企業的定義是：員工 300 人以下或是資本額不到日幣 3 億的製造業、員工 100 人以下或是資本額不到日幣 1 億元的批發業、員工 50 人以下或是資本額不到日幣 5,000 萬元的零售業、員工 100 人以下或是資本額不到日幣 5,000 萬元的服務業。根據日本總務省的統計，日本的中小企業大約有 300 萬家，占全日本企業的 99.7%，中小企業的員工數約占日本全體員工總人數的 7 成。

竹原信夫分析說，中小企業在日本經濟裡扮演重要的角色。除了是大企業的下游工廠、通常也擁有世界一

流的科技，這些經過長時間才培養出來的關係和技術資本，是無法在短時間內建構的。更值得注意的是，日本擁有百年歷史的中小企業有三萬三千多家，對日本經濟是無比重要的資產。但是因為種種因素，這些公司正在一家家的消失中。

台日合作解決無人接班問題

「許多百年中小企業都遇到接班無人的問題，不是沒有後代就是後代不願意接班。」他說這些企業體質大多蠻好，歷經百年的奮戰，理念清楚組織建全，產業資源網絡也完整，卻都為接班傷腦筋。

再加上經濟大環境景氣低迷，大企業也沒有辦法來照顧，撐不下去的中小企業只好一家家關門。竹原信夫說，也許找台灣的資金來合作是延續日本中小企業生命的好方法。這樣也可以協助台灣企業發展，透過資本的合作，台灣公司可以進入日本甚至全球市場。特別是在郭台銘在 2016 年買下夏普之後，雙方已經擁有了初步的磨合經驗，在業務和心理上看來都適應得不錯。

「在日本，公司結束被視為一種恥辱，每個創業者都想創造百年企業。」他說，每個日本企業經營者都把

永續經營視為使命，那是一種對於社會和員工的責任。
員工對於公司的信任和忠誠，也來自於這樣的使命感。

　　竹原信夫認為，相較於中國和韓國，日本的百年企
業更願意和台灣企業合作。除了社會文化相近，也因為
過去的歷史背景。自從 1895 年之後，雙方一直有著相
當緊密的鏈結，甚至在沒有外交關係之後，兩邊的人民
和企業交流更是日愈密切。而日本中小企業今天所面對
的種種問題與經驗，也可做為台灣中小企業的借鏡。

點子人筆記

「生活者大國」

日本是世界性的「生活者大國」，深受日本影響的台灣則是
華人世界的「生活者大國」，兩個社會彼此學習與成長，也
造就了各種資源融合的基礎。

三意變三億

數位大使館 打破外交瓶頸

"把外交舞台搬到電腦和手機裡，空間一下子寬廣了起來，因為這裡一直是個開放的國度，實體世界裡的遊戲規則在這裡完全被改寫。"

　　中國不斷打壓台灣外交空間，除了在過去18年來促使我15個邦交國斷交，也無所不用其極的阻繞我們加入各國際組織。

　　剛結束不久的公投，針對「以台灣為名申請參加2020年東京奧運」的項目，共有1,140萬人投票，同意得票476萬，不同意得票577萬，公投結果否決了這提案。不久後，外交部公布「對外活動名稱原則」，將「中華民國」、「中華民國台灣」並列為優先名稱。

　　從這些事件看來，台灣外交工作要走出一條路，勢必要有創新的作法，各行各業也才能夠有更寬廣的舞台走出去，讓台灣經濟有更多能量。

先解決內部工作問題，再想創新外交

16 個月之前，童振源被任命為台灣駐泰國代表，在這之前他從沒有在政府外交體系工作過。上任之後，他慢慢了解到為什麼台灣的外交在過去推動得那麼辛苦。除了外部壓力，更需要的是內部整合。他說，最大的挑戰不在台灣如何被打壓，而在於解決內部的問題。

他說，他剛上任的時候想推動創新，卻發現每個人都忙到喘不過氣來，根本沒有多餘的精力來多做些什麼。多年來，絕大部分台灣在全世界的駐外單位都差不多，每天要花許多人力在接送機，服務台灣來的官員和民代。而曼谷更慘，因為整個城市全天候塞車，所以童振源形容泰國代表處的情況是：「代表處有 75 人，只有 32 人從台灣來，一半在接機，一半在堵車。」

他於是開始解決根本問題，向國內各部會單位溝通，減少同仁接送機的時間，把省下來的精力用來處理外交事務。也許資源和人力有限，但是鎖定重點的做，也慢慢的做出了成績。

他把外交戰場搬到數位世界，用臉書和 LINE 這些免費工具來服務僑胞和國人，也對泰國民眾分享台灣的種種美好，像是在虛擬世界蓋了一座「數位大使館」。

三意變三億

童振源發現，把外交舞台搬到電腦和手機裡，空間一下子寬廣了起來，因為這裡一直是個開放的國度，實體世界裡的遊戲規則在這裡完全被改寫。各種外交工作推動起來也更有效率，到目前為止，台灣的駐泰代表處已經推出了利用 Line 辦理領務、急難救助、觀光、雙向投資、醫療交流、產業交流、人才交流、教育等多項服務。

推動數位大使館的 2 大原則

自從 1975 年台灣和泰國斷交之後，兩國之間的關係依然相當密切。台灣是泰國第 5 大進口市場和第 19 大出口市場，台灣廠商在泰國的投資更排名世界各國第三，兩國經貿交流頻繁。面對這樣的情況，童振源在推動他的「數位大使館」戰略時把握了兩個原則。

原則一、掌握泰國產官學各界的需求：台灣各產業和學術水準高於泰國，泰國自然會想要向台灣學習。

原則二、針對兩方的需要來整合資源：在台灣遊說與整合各部會的資源，在泰國為台灣的產業界尋找更多的機會。

台灣在泰國有 15 萬僑胞，身為駐泰代表，童振源

在僑胞心目中就是國家的大使。所以在辦公室內外，大家都叫他大使。在外交公務體系裡，派駐各國的代表也都被敬稱為大使，這也是對於自己國家的尊重。即使外交工作愈來愈艱難，愈來愈少國家承認我們，我們也不能看不起自己。

　　而泰國的「數位大使館」經驗，也許可以做為台灣外交工作再思考的一個起點。

點子人筆記

「新世界新規則」

過去20年來，數位網路世界的發展造就了巨大的典範轉移，人與人和國與國的關係都與過去大大不同。過去台灣是國際社會的孤兒，善用數位力量，可以為台灣外交找到一條全新的快速道路。

三意變三億

打造三意台灣 落實三意創生

"《藍海策略》的兩位作者曾經來台灣演講，特別指出台灣缺的不是紀律與執行力，而是「價值創新」的能力。"

　　把過去在經濟日報的「點子農場」的稿件做了一番整理之後，出版了《這些點子值 3 億》。新書發表會也請點子人好友們來分享，希望能從這本書開始號召和培育更多點子人，推動台灣社會的各項創新。

　　這本書有三條主軸，每條主軸又有三個面向，很巧的，串起來正好是「新生意」這三個字。書裡談「新農業、新生活、新文創」三個台灣新產業風口，也談「生活、生產、生命」這三種合一的工作觀，最核心的論述則是「創意、生意、公益」這三意。

　　這本書是多年來向各行各業朋友請教激發而來，所以也請來幾位代表性的意見領袖來交流對話。

　　像「九二共識」論述的創造者台北論壇基金會蘇起董事長、前衛福部林奏延部長、農委會李退之副主委都

各自從不同的專業視角來分享。

我們從「三意創生」的主題來聚焦對話，由前台開集團邱于芸總經理分享過去幾年的經驗來拉開序幕。

「三意創生」的3大主軸方向

之所以這樣安排，因為接下來，我會進一步探索更多企業如何在「創意、生意、公益」這「三意」的實踐故事。過去幾年來，我發現有愈來愈多的企業正在為台灣發現一種獨特的價值，創造「生活、生產、生命」的工作理念，甚至把這樣的理念轉化為產品和服務。

很巧的，台開集團在花蓮準備多年的「洄瀾灣新天堂樂園」也即將開幕，前台開集團邱于芸總經理就以這個案例來連結《這些點子值3億》這本書所探討的三意主軸，她認為台開過去的「三意創生」經驗大致可以歸納為三個方向。

一、隨勢開創：台開的開發案都不在高地價的精華地區，卻能在偏鄉用有限的資源為當地居民創造更大的價值。

二、針灸創生：如同針灸只要扎對了經絡就能解決系統性問題，台開一直用這樣的思維在進行開發案，比

三意變三億

如在花蓮的洄瀾灣請日本建築名師隈研吾以小坪數的
「貨櫃屋星巴克咖啡店」來活化整個園區的大空間。

　　三、在地共創：善用在地的資源，讓在地的民眾參
與開發案，共榮共享。

找到痛點才能發現亮點

　　《藍海策略》的兩位作者曾經來台灣演講，特別指
出台灣缺的不是紀律與執行力，而是「價值創新」的能
力。簡單的解釋價值創新，其實就是「降低成本，提高
價值」這兩件事，放眼未來，這樣的能力將對台灣愈來
愈重要。甚至不只在產業和商業戰場上，連兩岸和國際
政治，我們都必須建立價值創新思維。

　　「政治的空間是被論述出來的，台灣需要更多點子
人為兩岸和國際關係創造出更大的空間，」台北論壇基
金會蘇起董事長以他過去所提出的「九二共識」與「不
統、不獨、不武」的經驗指出，台灣和大陸之間，都需
要更多可以用來對話的好點子。

　　前衛福部林奏延部長和前農委會李退之副主委也
認為，台灣社會許多巨大和結構性的問題，都應該從
「點」來思考和解決。像醫療問題可以從預防醫學著

手，農業問題可以從整合工作出發。任何事，只要能找到痛點，自然可以發現亮點，如同針灸一樣以點制面。

　　大約也是去年這個時候，我同樣邀請了以上這幾位朋友和一群點子人辦了一場一模一樣的「點子人沙龍」年會。從不同領域的產官些專業，這些菁英都言之有物的提出了許多好點子。可惜的是，放眼整個台灣，從政府到企業，都少有這樣的活動。

　　期待未來能把這些經驗做更多分享，打造一個「三意台灣」。

點子人筆記

「菁英對話之必要」

知識份子的沈默，是對一個社會最大的傷害，智慧一旦失去發言空間，低俗和弱智就會侵犯人們的公領域。就像「破窗理論」所說的，要維持一棟大樓的窗戶一旦被打破一個，其他的窗戶也終將倖免於難。

三意變三億

三意力就是您的超能力

經濟日報的「點子農場」這個專欄一寫就是十年，這十年也像是個豐富的學習旅行。回想過去的人生，從來沒有經歷任何一所需要讀十年的學校。

而且我發現，這所「三意學校」竟然可以讓我讀不完。因為這世界有太多的三意企業值得讓我探訪，我也可以經由了解這些三意企業來催生更多的三意企業。

心想事成的神奇魔力

《這些點子值三億》這本書出版之後，我想像可能會有人問我：「你有賺到三億過嗎？」

「教出王牌投手的教練往往不是王牌投手，想出三億點子的人也不一定要能賺三億吧？」我也總是這樣對自己自圓其說（但是我還是很努力的想賺三億就是）。

曾經聽過這樣的笑話，一個企管顧問在網路上登廣告，說他有一個神奇的商業模式，可以把美金 100 元變

成 1,000 元。

　　有人真的寫信寄了美金 100 元給他，想買這個商業模式。

　　「照我的方式在網路上登一模一樣的廣告，只要有十個人寄來您，就有1,000 元進帳。」這位顧問回信說。

　　這個故事也啟發了我，這世界上的一切都是想像出來的，如果有更多人願意去分享「三意」理念，應該就能創造出更多的三億人生（然後，我也許也有機會賺三億，笑～）。

　　就好像知名的世界史學家哈拉瑞（Yuval Noah Harari）說的，一個人的想像只是夢想，愈來愈多人的共同想像就會成為一種真實。人類在 40 萬年前以「智人」這樣的角色登場並征服世界，關鍵是因為人腦具有優於其他動物的「認知能力（也就是想像力）」。以這樣的認知能力把自己化身為「神人」，無限放大「身體能力」，克服飢餓、疾病甚至死亡，並且發展出超強的「連結力」，連結出部落和國家甚至歐盟這樣的組織。

　　以「創意」兼顧「公益」與「生意」的人生一直是我追求的，也希望把這「三意」價值分享給更多朋友。

「不斷進化」是想傳達的價值

出書給了我機會和更多朋友對話，每一次的演講裡，我總會一直回想起，這麼多年來我透過書寫和對話在試圖傳達的價值。

「進化」是我活到目前為止所找到的答案，我相信人活著就是要不斷追求進化。讓明天比今天跟好，這不只有關生存和競爭，也是成就感的來源，那好像是人性底層某種很微妙的根性，超越自我總會讓人感到充實和快樂。那一年在東京拜訪了「R25」週刊，在一個近四千萬人口的城市，這本面對一千萬讀者的雜誌的主管告訴我，R25 只有一個使命，就是讓讀者不斷「進化」。

那一刻，我終於明白，我一直在追求的就是讓自己和更多人不斷進化。「進化」可以是很抽象，也很具象的一件事，就好像 R25 在報導裡會鼓勵未婚男人多買日本國債比較容易討老婆，以及如何在職場裡求生存和規畫人生。而我一直在書寫分享點子人的「三意人生」，也是一直在論述：如何讓個人的內在與外在更進化。

深信「創意」、「公益」和「生意」是每個人和每家企業的必修課，這本「三意學」想帶給大家「三意力」，因為三意力就是個人和企業的超能力。而讓更多

人能擁有「三意力」，對我而言，這也是沒有終點的學
習和旅行。

吳仁麟

三意變三億——策略鬼才吳仁麟 50^N 次方點子方程式

作者／吳仁麟
文字及執行編輯／李寶怡
封面設計／廖鳳如
美術編輯／張靜怡
企畫選書人／賈俊國

總編輯／賈俊國
副總編輯／蘇士尹
編輯／高懿萩
行銷企畫／張莉滎、廖可筠、蕭羽猜
發行人／何飛鵬
法律顧問／元禾法律事務所王子文律師

出版／布克文化出版事業部
台北市民生東路二段 141 號 8 樓
電話：02-2500-7008
傳真：02-2502-7676
Email：sbooker.service@cite.com.tw

發行／英屬蓋曼群島商家庭傳媒股份有限公司城邦分公司
台北市中山區民生東路二段 141 號 2 樓
書虫客服服務專線：02-25007718；25007719
24 小時傳真專線：02-25001990；25001991
劃撥帳號：19863813；戶名：書虫股份有限公司
讀者服務信箱：service@readingclub.com.tw

香港發行所／城邦（香港）出版集團有限公司
香港灣仔駱克道 193 號東超商業中心 1 樓
電話：+86-2508-6231　**傳真：**+86-2578-9337
Email：hkcite@biznetvigator.com

馬新發行所／城邦（馬新）出版集團 Cite (M) Sdn.
Bhd.41, Jalan Radin Anum, Bandar Baru Sri Petaing, 57000 Kuala Lumpur, Malaysia
電話：+603-9057-8822　**傳真：**+603-9057-6622
Email：cite@cite.com.my

印刷／卡樂彩色製版印刷有限公司
初版／2020 年（民 109）1 月
售價／新台幣 300 元
ISBN ／ 978-986-5405-34-2

城邦讀書花園　**布克文化**
www.cite.com.tw　www.sbooker.com.tw